বিরল মৃত্তিকা

পলাশ কমার বায়

BlueRose ONE.com
Stories Matter
NewDelhi • London

BLUEROSE PUBLISHERS
U.K.

Copyright © Palas Kumar Ray 2025

All rights reserved by author. No part of this publication may be reproduced, stored in a retrieval system or transmitted in any form or by any means, electronic, mechanical, photocopying, recording or otherwise, without the prior permission of the author. Although every precaution has been taken to verify the accuracy of the information contained herein, the publisher assumes no responsibility for any errors or omissions. No liability is assumed for damages that may result from the use of information contained within.

BlueRose Publishers takes no responsibility for any damages, losses, or liabilities that may arise from the use or misuse of the information, products, or services provided in this publication.

For permissions requests or inquiries regarding this publication, please contact:

BLUEROSE PUBLISHERS
www.BlueRoseONE.com
info@bluerosepublishers.com
+4407342408967

ISBN: 978-93-7018-901-0

Cover design: Daksh
Typesetting: Tanya Raj Upadhyay

First Edition: May 2025

উৎসর্গ

আমার এই প্রথম প্রকাশিত বাংলা কবিতা সংকলনটি আমি আমার মাতৃদেবী স্বর্গীয় শ্রীমতি বীণাপানি রায়'কে উৎসর্গ করলাম যিনি আমাকে স্বীয় আচরনের মাধ্যমে সর্বজনকে সমান দৃষ্টিতে দেখার সুশিক্ষা দিয়েছেন এবং মানুষ হওয়ার প্রকৃত অর্থ বুঝিয়েছেন।

কৃতজ্ঞতা স্বীকার

আমার এই সাহিত্য সাধনার পথে নির্বিঘ্নে এগিয়ে যাওয়ার পথে দিনেরর পর দিন, বছরের পর বছর যিনি বিনা বাক্য ব্যয়ে নিজ কর্তব্য পালনের মাধ্যমে আমার প্রত্যেকটি ব্যক্তিগত প্রয়োজনের প্রতি সূচারু দৃষ্টি রেখেছেন, যিনি সংসারের প্রতিটি ঝড়ঝঞ্জা মোকাবেলায় অম্লান বদনে আমার পাশে থেকে নিজ দায়িত্ব ও কর্তব্য সুসম্পন্ন করেছেন এবং যিনি ব্যক্তিগত চাওয়া পাওয়াকে কোন দিন কোন অবস্থাতেই প্রাধান্য দেননি, সেই মানুষটিকে অর্থাৎ আমার সহধর্মিনী শ্রীমতি অপর্ণা সাহা রায়'এর প্রতি এই কাব্যগ্রন্থ রচনার শ্রেয় প্রদান করে আমি আমার আন্তরিক কৃতজ্ঞতা প্রকাশ করছি।

আমি এই কাব্যগ্রন্থ রচনায় কৃতকার্য হওয়ার জন্য স্ত্রী পুরুষ নির্বিশেষে সেই সকল ব্যক্তির কাছে কৃতজ্ঞতা প্রকাশ করছি যাঁরা ভাই হয়ে, বোন হয়ে, বন্ধু হয়ে, সহকর্মী হয়ে, সহমর্মী এমনকি কখনো বা শত্রু হয়েও জীবনের বিভিন্ন পর্যায়ে প্রত্যক্ষ এবং পরোক্ষভাবে আমার চিন্তা-ভাবনাকে নানাভাবে কমবেশী প্রভাবিত করেছেন এবং কাব্য সৃষ্টির জন্য সতত অনুপ্রেরণা জুগিয়েছেন।

আমি কৃতজ্ঞতা প্রকাশ করছি সর্বশক্তিমান ঈশ্বরের প্রতি যাঁর অশেষ করুণা পেয়ে জীবনে বারবার নানাবিধ ভরাডুবির হাত থেকে আমি উদ্ধার পেয়েছি এবং নানাবিধ সাংসারিক ঘাত-প্রতিঘাত সত্ত্বেও কাব্য চর্চা করার মত মন-মানসিকতা অক্ষুন্ন রাখতে পেরেছি এবং যাঁর অসীম কৃপায় আজ এই কবিতা সংকলনটি প্রকাশ করতে পারছি।

অবতারনা

তোমরা যারা কোনক্রমে আমার এই কবিতা সংকলনটি হাতে পেয়ে ভাবছ পড়ব কি পড়ব না, তাদেরকে বলি, অবশ্যই পড়ো। যে সময় কেরোসিনের কুপি জ্বালিয়ে রান্নঘরে মা হেঁসেলে রান্না করত, যে সময় রাস্তা মানেই খানাখন্দ জলে ভরা চলার অযোগ্য ছিল প্রায় সব পথঘাট, যে সময় পাড়ার লোকজন পর্যন্ত ছিল বর্ধিত পরিবার,দেশ বিভাগের পর যে সময় মাদার ইন্ডিয়ার মত কোন ছায়াছবি ১০-১৫ বছর ধরে রুপালী পর্দায় মানুষকে কাঁদাতে পারত, যখন মাত্র ৪০ কোটি জনসংখ্যা নিয়েও দেশে কত না অভাব অনটন ছিল, যুদ্ধ ছিল, দুর্ভিক্ষ ছিল, কান্না ছিল, বিনা চিকিৎসায় স্বজন হারানোর দুঃখ ছিল- সেই সময়কাল থেকে আজকের আধুনিক পৃথিবীতে দেশে ১৪০ কোটি নাগরিকের একজন হয়ে বেঁচে থাকার দুর্ধর্ষ অভিজ্ঞতা ও স্মৃতি নিয়ে আজকের এই মুহূর্তে মুহূর্তে পাল্টে যাওয়া, নতুন নতুন সংজ্ঞায় সংজ্ঞায়িত এবং আপাতভাবে সুখী ও সমৃদ্ধ সমাজের একজন পুরানো মানুষের ভাবনা, দ্বন্দ্ব ও সুখ-অসুখ নিয়ে লেখা কবিতা নিঃসন্দেহ একবাক্যে অগ্রাহ্য করার মত এবং না পড়ার মত কোন অপ্রয়োজনীয় বিষয় নয়।তাই কবি আন্তরিকভাবে প্রত্যককে এই কবিতাগুলি মন দিয়ে পড়ে বিগত সময়কে গভীরভাবে অনুধাবন করার জন্য অনুরোধ রাখছেন। এছাড়াও সম্পর্ক, প্রেম, প্রীতি, ভালবাসা ও বিশ্বাস অবিশ্বাসের যে নাগরদোলায় চড়ে জীবন সামনে এগিয়ে চলে, তা নিয়ে কবির বহুবিধ ভাবনার বিবর্তনও এই সংকলনটির নানান কবিতায় তাঁদের সাক্ষর বহন করে।

আগামীর কোন পাঠক এই কবিতাগুলির মধ্যে মনে ধরে রাখার মত কিছু খুঁজে পেলে কবি যারপরনাই আনন্দিত হবেন।

সূচীপত্র

অ-নাগরিক	1
অ-সুরের অদৃশ্য মোহ-মায়াজাল	2
অথ বাম দক্ষিণ কথকথা	3
অদ্ভুত প্রাণী	4
অদ্য শেষ রজনী	5
অনিচ্ছা	8
অন্তিম কামনা	9
অন্বেষন	10
অন্য দাবী	12
অন্যের চোখে ভাল	14
অফ অন	17
অভিমান	18
অলি বার বার ফিরে যায়	19
আগামীকাল কখনো আসে না	20
আত্মপরিচয়	22
আত্মার সঙ্গী	23
আদম হাওয়া ও চিরাগের দৈত্য	24
আদর	25
আবর্জনা	26
ইচ্ছা ফড়িঙ	28
ইটালিয়ান সেলুন	29
উচ্ছন্নে যাইব	30

উদ্দেশ্যহীন	32
একটি জীবনের সমাপন	33
এল নিনো, লা নিনা	36
কচুরিপানা	38
কাকতালীয়	39
কুৎসিত সত্য	40
কৃতজ্ঞতা	41
কোদাল	42
ক্ষিদে	44
ক্ষয়	45
খনিজ	47
খবরের কাগজ	48
খাঁচা	49
খাওয়া-দাওয়া	50
খাদ্য	53
খাস তরকিব	55
খোলা চোখ বন্ধ	56
গর্ত ও মুড়ির টিন	57
গাজর	59
গুসসা	60
গ্রেট	61
ঘা	62
চাঁদমারি	63
চাঁদের টুকরা	65

চাই না আর চাই না	66
চাওয়া পাওয়া	67
চুরি ছিনতাই	69
চোরকাঁটা ও লজ্জাবতীর দুনিয়া	71
জীবন যুদ্ধ	72
জ্যান্ত চলচ্ছিত্র	74
ঝোঁক	75
ঠেকা	77
টিসুম ঢুসুম	79
তামাদি	80
থেমে থাকা যুদ্ধ	81
থোঁতা মুখ ভোঁতা	84
দু'টি নাম-না-জানা পাখি	85
দূরত্ব	86
দৃষ্টিভঙ্গি	87
দেশের দাম	90
দেহ-মনের অমীমাংসিত বিবাদ	92
দ্য সেলফিস জায়েন্ট	93
নতুন নামকরন	94
নতুন পৃথিবী	96
নন্দ ঘোষ নির্দোষ	98
নন্দ ঘোষের ভাগ্য বিড়ম্বনা	99
নষ্ট জীবন	100
নায়ক বদল	101

নিমন্ত্রণ	102
নিরপেক্ষতার ঝকমারি	104
নির্ভীক বিবসনা	105
নিয়তি	106
নেড়া	107
পরিবর্তন	109
পরিবর্তে যদি	110
পলাতক আশিক	112
পাখপাখালি	115
পাতলা করা	116
পাহারাদার	117
পেটপেটি	118
প্রজাতি	121
প্রত্যেকে বনাম আমার টাকা	122
প্রার্থনা	123
প্রেম মাটি ও খাঁটি দুঃখ	124
প্রেমের গোপন তথ্য	125
ফর্দ	127
ফিনিক্স পাখি	128
ফোঁস	129
বলার দরকার নাই	130
বসন্তের ঠিক সময়	131
বাঁচা	132
বিক্রিত তোতা	134

বিজয়	135
বিদায়ের আগাম অভিনন্দন	136
বিরল মৃত্তিকা	138
বিরাগ	140
বেবাফা	143
ব্যাকরণ	144
ব্রাণ্ড নিউ	145
বড় থেকে বড়, ছোট থেকে ছোট	148
ভাল দিন	149
ভালবাসা-মন্দবাসা	151
ভালো ছেলে মন্দ ছেলে	152
ভালোবাসা ও রকেট সাইন্স	153
ভীষণ আপত্তি	154
ভেজাল	155
ভ্রান্তিবিলাস	157
মই কই মই?	158
মন	160
মনগড়া	161
মনের ঋতু	163
ময়ূরপুচ্ছ	164
মাচা	165
মাছ যে মনের কথা বলে	167
মালিক	168
মেঘ-বৃষ্টি-ঝড়	169

মৌতাত	170
ম্যানেজার	172
যক্ষিণী	174
যাত্রা শুভ হউক	175
যুদ্ধ পক্ষ	177
যেদিন আকাশ ভেঙ্গে পড়ল	179
যোগাযোগ	180
রাত্রি সংবাদ	181
রূপ	182
লক্ষণ	183
লাডো সরাই	184
লোভী	187
শেষ চিঠি	188
সনেট-সময়ের সাথে পথচলা	189
সবাই শিখায়	190
সাইরেন	191
সাজা	192
সাবধানতার মার	193
সায়াহ্নের গার্হস্থ সংলাপ	199
সুখের ফাতনা	202
সুদিন	205
সূর্য ও এক চাঁদ	206
সেই সময়	207
সেবা যন্ত্র	209

স্বচ্ছ বিকি-কিনি	211
স্বাধীনতা	214
স্থল পদ্ম	216
হা মল্লিকা	218
হাইকো- দুঃ সংবাদ	219
হৃদয়ের মানচিত্র	220

অ-নাগরিক

মরে গিয়ে দূরে ঐ ভাল দেশে
মায়ের কোল আলো করে
টুক করে জন্ম নিয়ে
পরের লাইফে ফাঁকতালে কেল্লা ফতে করব–
সেই সুবিধাটি আর থাকছে না।
ওরা এখন নো-এন্ট্রি বোর্ড লাগাচ্ছে ভাইয়া।
কবে যেন কোথায় অ-নাগরিকের একটি সংজ্ঞা
পড়েছিলাম।
এবার ওরা আসছে
বোধহয় এসেও গেছে কেউ কেউ।
এমন সমস্যা মাথায় নিয়ে জন্ম হল যার
ভবিষ্যতটা তার কেমন হবে ভেবেই
আলোকবর্ষ পার।
"কারো কেউ নইকো আমি
কেউ আমার নয়
কোন দেশ নেই গো আমার
শুনো মহাশয়"
একটি খাসা অ-জাতীয় সংগীত
হলেও হয়ে যেতে পারে

অ-সুরের অদৃশ্য মোহ-মায়াজাল

"অসাধু লোকদের জন্য সুবর্ণ সুযোগ"-
এমন "অভূতপূর্ব বিজ্ঞাপন" আর
বন্ধুর চোখে বিদ্যুতের ঝিলিক দেখে
বিপন্ন আমি বা-ইজ্জত পিট্টান দিলাম।

এরপর আমাদের বিচ্ছেদ পর্ব চলল অনেকদিন।
"ছোঁয়া বাঁচাতে চাইলে বন্ধুত্ব বাঁচে না"
এমন "অভূতপূর্ব ঘটনা"ই ঘটল।
যাব কি যাব না জাতীয় দ্বন্দ্বাহত হয়ে দূরে রইলাম।

তবে মনে, ঘন ঘন লজ্জার কাঁটা ফুটছিল।
খানিকটা ঈর্ষা আর বিপুল জিজ্ঞাসার উপদ্রবে
উপগত হয়েই আমি বিচ্ছেদের সমাপন চাইলাম।
কিন্তু গিয়ে আমার চক্ষু চড়ক গাছ হ'ল।

এত দিনে "সুবর্ণ সুযোগ" গ্রহণ করে
বন্ধু আমার সুরলোকে স্থানান্তরিত হয়েছেন।
সুর-সঞ্চারিত অদৃশ্য মায়াজালে আবদ্ধ হয়ে
বন্ধু আমার হিতাহিত জ্ঞান হারিয়েছেন।

কিংকর্তব্যবিমূঢ় আমি অনুতাপ করলাম।
রাগ করলাম, দুঃখ করলাম, পশ্চাতাপ করলাম।
শেষে দায়িত্বশীল নাগরিক কর্তব্য হিসাবে পত্রিকায়
"সাধু সাবধান" লিখে একটা বিজ্ঞাপনও দিলাম।

অথ বাম দক্ষিণ কথকথা

হৃদয় আমার বামেই ছিল
দক্ষিণ ছিল দূর
তবুও মিলেনি বামের হৃদয়
গানের মিলেনি সুর।

কত বাম পরে দক্ষিণ হল
মনে-মুখে নয় কাজে
ওদের দেখলে শুধু বাম কেন
দক্ষিণও আজ লাজে।

সর্ষেতে ছিল ভুত অথবা
ভুতেরই সরিষা মেলা
এই ভেবে ভেবে সময় ফুরাল
শেষ হল সব খেলা।

এরচেয়ে ভাই দক্ষিণই ভাল
নেই কপটতা ভান।
নিরাপদে তুমি যাও তার সাথে
গাও সাম্যেরই গান।

অদ্ভুত প্রাণী

অদ্ভুত প্রাণী এই মন।
যার কাছে থাকে তারই মত হয়।
হারালেই যত ভয়।

যার কাছে যায়, বেহায়া মন
তারই কথা কয়।
তারই ডাকে উঠে বসে, তারই হয়ে রয়।

অদ্য শেষ রজনী

অদ্য শেষ রজনী
অদ্য শেষ রজনী
অদ্য শেষ রজনী

ধীরে ধীরে চলা রিকসার
হাতলে বাঁধা চোঙা মাইক
পিছনে ছুটা ছেলেমেয়ের দল
লাফিয়ে লাফিয়ে ধরছে
রিকসা থেকে ছোড়া হলুদ ও গোলাপী
কাগজের পামফ্লেট।

আপনাদের প্রিয় প্রেক্ষাগৃহ চিত্রমালায়
চলিতেছে।
চলিতেছে।

একটি মন মাতানো রঙীন চলচ্চিত্র
ভ্রমরের গুনগুন।
ভ্রমরের গুনগুন।

সপরিবারে দেখার মত একটি রঙীন ছবি
ভ্রমরের গুনগুন।
ভ্রমরের গুনগুন।

নাম ভূমিকায় রয়েছেন
আপনাদের সবার প্রিয় জনপ্রিয় নায়ক
সুজন কুমার।
সুজন কুমার।

আপনাদের সবার প্রিয় জনপ্রিয় নায়িকা
সূর্য মুখী।
সূর্য মুখী।

খলনায়কের ভূমিকায় অভিনয় করেছেন
জনপ্রিয় অভিনেতা
দুর্ধর্ষ বেজী।
দুর্ধর্ষ বেজী।

একটি বিশেষ ভূমিকায় অভিনয় করেছেন
আপনাদের সবার প্রিয় অভিনেতা
কুমার যত্রতত্র।
কুমার যত্রতত্র।

নৃত্যে
মিস লজ্জাবতী।
মিস লজ্জাবতী।

ছবিটি পরিচালনা করেছেন
কুমার অভিসন্ধি।
সংগীত পরিচালনায়

শ্রীমান সম্ভাবনা।

ম্যাটিনী শো বেলা ৩ ঘটিকা।
ইভেনিং শো সন্ধ্যা ৬ ঘটিকা।
নাইট শো রাত্রি ৯ ঘটিকা।

অদ্য শেষ রজনী।
অদ্য শেষ রজনী।
অদ্য শেষ রজনী।

অনিচ্ছা

তখন আমার খুব জ্যোতিষ বাতিক
সব কিছু আগাম জানার অগাধ কৌতূহল।
এখন প্রায় সবই জানা হয়ে গেছে।
বাকিটা যা হয় একটা কিছু-

আগাম জেনে কি আর হবে?
জীবন গড়িয়ে যাবে চেনা পথে-
সামান্য এদিক-ওদিক করে
কর্মফলের চূড়ান্ত হিসেব-নিকেশ।

নিকট-ভবিষ্যত অনুমান করার জন্য
জন্ম-ছকের আর কি দরকার?
অভিজ্ঞতার পুঁজি দিয়ে
নিজে নিজে নিখরচায় বুঝে নেয়াই যথেষ্ট।

নবীন জ্যোতিষ বেমক্কা কিছু বলে দিলে
ঠ্যালা সামলাবে কে?
ঐটুকু ত পথ, পা টিপে টিপে
ঠিক চলে যাওয়া যাবে খন

অন্তিম কামনা

রস রঙ্গ ভঙ্গ হলো সঙ্গ হলো ভার
তরঙ্গ নীরব হলো মস্ত পারাবার-

পারি দিতে হবে এই অকূলপাথার
নিসঃঙ্গ করে গেল করে ছাড়খার।

মৃত্যু নয় সম্পর্কের অপমৃত্যু হলো
ত্রিভূবনে মোহমায়া বিরম্বিত হলো।

নাহি জানি কোন জন্মের ছিল অভিশাপ
ফনা তুলে দংশিল বিষধর সাপ।

পরজন্মে দেখা যদি হইবার থাকে
হরি যেন শতহস্ত দুরে তারে রাখে।।

অন্বেষন

ইন্টারনেটে গরু খোঁজা খোঁজেও
রাজপুত্র তেপান্তরের মাঠ খোঁজে পেল না।
হতাশায় রাজকন্যার মুখ ভারী হলো।
মাঠেই মারা গেল সব পরিকল্পনা।

পক্ষীরাজ ঘোড়ার খবরও
অনেকদিন কেউ রাখে নি।
তার হদিস দিতেও ব্যর্থ হলো নেট-
মরে গেছে কি মরে নি।

রাজা-রাণী এ সব প্রশ্নে
বিরক্ত হবেন। চিন্তিত হবেন।
জিজ্ঞাসা করা বৃথা।
হতে পারে, রিহ্যাবে পাঠাবেন।

রাজকন্যা বিরস বদনে
দুচ্ছাই বলে পার্লারে গেল।
রাজপুত্র দূরবীন হাতে
ছাতে গেল।

অমনি হঠাৎ রাজপুত্রের
পড়ল মনে বেশ।
বাবারও একজন বাবা ছিল-
সদালাপী, মৃদুভাষী এবং পক্ক-কেশ।

ঊনিই সব জানেন, কোথায়
পক্ষীরাজ" আর তেপান্তরের মাঠ।
"ডুরবীন, ইউ লুক ইনটু দ্য পাস্ট, এন্ড
ফাইন্ড টার্গেট 'লাইন ১৯ এন্ড ২০' স্টার্ট।"

অন্য দাবী

বয়স্ক মানুষ কবিতা লিখবে কেন? অন্য কিছু করুক।
আমার জেনে লাভ কি? গাছে চড়ুক, ক্ষেতে যাক, মরুক।
এই কবিতার পাতা শুধু আমাদের জন্য, থাকবে পরিচ্ছন্ন
এটাই করি আশা, এটাই সবার কাম্য। নিরিবিলি, নিরবচ্ছিন্ন।
কাঁচা কাঁচা অভিজ্ঞতার ডালি, ফুলে ফলে সমৃদ্ধ, দেখ ঐ
বয়স্করা নষ্ট করে পরিবেশের ভারসাম্য। ঠিক রাখছে কই?

পাকা চুলের পাকা মাথার ভিড়ে আমরা যেন হারিয়ে ফেলি
কথা
ভাবি নতুন শব্দ, লিখলে পরেই বয়স্ক এক মন্তব্য করে যা
তা।

আমার মনে প্রেমের প্রথম ফুল, ফুটল কি ফুটল না
বয়স্ক কেউ গাছেই দিল দোল, প্রেমের কলি একটাও
থাকলনা।

ওদের না হয় জীবন গেছে কেটে, কেঁদে কেঁদে প্রেমে।
এখন প্রেমে হাসার সময়, ওদের কেন আটকে থাকা জ্যামে?

বিষয় আছে অন্য কত কিছু, লিখুক তারা তাদের জন্য,
পড়ুক সবাই তারা।
এমন কটা নিয়ম মানলে ভালই, করব কেন তাড়া?

কিন্তু এমন নিয়মকানুন মানা, সুবোধ বালক একটিও নয়
যারা

গাছ-পাকা সব পরিপক্ক কেশ, ঘুরে বেড়ায় তোমার আমার পাড়া।

তোমার আমার লেখায় দিয়ে টীকা, ভাবটা এমন দিয়েছে যেন মিঠা
লিখেছিলাম দুঃখ , রাগ হয়ে যায় তাহা, এমন নুনের ছিটা।

যাই বল ভাই সত্যি ওদের এখন, আলাদা করে রাখাই ভীষণ দরকার–
প্রেম পিরিতির শ্রাদ্ধ এমন করে, দেশে যেন আছে ওদের সরকার।

অন্যের চোখে ভাল

ছেলেবেলা থেকেই-
অন্যের চোখে ভাল হওয়ার
আমার একটি অন্যায় দাবি-
তখন বুঝিনি
এখন এই শেষ কালে
অন্তত একবার ঠেকে
অন্তর দিয়ে বুঝি-
ভাল ছিল না মোটেই।

কেউ কেউ সতর্ক করেছে
একাধিক বার বলেছে-
তখনো বলেছে, এখনো
আর কত বলবে-
গোঁয়ার গোবিন্দ মানুষ
কার কথা কবে ধরেছে!
একাধিক বার পড়েছে
বার কয়েক মরেছে-
বরাত জোরে
কখনো কখনো বেঁচেছে।

তবে কথা হল, এই আমি
চিরটা কাল-
এমনি আমিই থেকেছে।
গড, ভগবান, আল্লাহ্

তাদেরই কেউ একজন হবে, রেখেছে।

বলছিলাম কি ঐ
ভালো হওয়ার বেহদ চেষ্টা ছিল।
অন্যের চোখ আর আমার চেষ্টা
পাশাপাশিই যাচ্ছিল
তবে পরে দেখতে পাইনি-
রেজাল্ট আমার কেমন হয়েছিল।

এক দুই জন বুঝি
সুযোগও নিয়েছিল-
তার পরেও সেটা
ভালই লেগেছিল।
রোগ টা এখনো যায় না
রেজাল্টও ভাল হয় না।
এটাই আমার বাতিক।
একটু আধটু থাকলে কিস্সু হয় না।

তবে সময়টা বেশ বাজে।
টেলিফোন আর কম্পিউটার
লাগিয়ে শুনি কাজে-
ভাল হওয়ার নেশা যাদের
অমন লোকই খুঁজছে।
ছোটবেলায় ছেলেধরা ধরত

এখন শুনি
বুড়োদের খোঁজ করছে।

পাসওয়ার্ড না তালা চাবি
যখন তখন ভাঙ্গছে-
বুড়োরা সব মরছে।

অফ অন

এখন কী বলছ, আমি অফ হয়ে গেছি?
সেই কবে একদিন কথার সূত্রে বলেছিলে
অফ হয়ে যাওয়া মানে মরে যাওয়া।
আহা! কি মিষ্টি, কি দারুণ লাগত!
তোমার গলায় শুনতে পেতাম যদি
আমি অফ হয়ে গেছি।

জীবনের এমন চমৎকার অন্ত মিল
কবিতায় খুঁজে পাই কই।
তোমার সম্মোহনী গলার আকর্ষণে
এমন হাজার কবিতা অফ হলেও দুঃখ ছিল না।
দুঃখ একটাই, অফ হয়ে গেছে
তোমার আমার সম্পর্ক।

তোমার শর্ত মানা আমার সাধ্য নয়। তাই
খোলা জানালাটির বাইরে থেকে কীল ঠুকেছি।
তোমার গৃহে প্রবেশও নিষিদ্ধ থাকবে, থাক।
হৃদয় মজবুত হলে, মন মরে গেলে
অফ হওয়ার আগে, অন্তত একবার
আমি তোমার বায়োস্কোপ দেখতে যাব।

অভিমান

আমি চাঁদ খুঁজলেই তার অমাবস্যার শুরু
লঘু নয়, দোষগুলি তার অতিশয় গুরু।

শুধু আমার জন্যই তার সময় থাকে না।
একটি কথাও রাখতে বললে রাখে না।

আসব আসছি করেও প্রেয়সী আসে না।
দেরির সঠিক কারণও ঝেড়ে কাশে না।

ঠিক শুনেছি, সে আমায় ভালবাসে না।
ঠিক বুঝেছি, সে আমায় ভালবাসে না।

অলি বার বার ফিরে যায়

“অলি বার বার ফিরে যায়, অলি বার বার ফিরে আসে
অলি বার বার ফিরে যায়।”-এই রবীন্দ্র সংগীতের সুর
মন সকাল থেকেই গাইছে, ঐ দেখো ভেসে যাচ্ছে।
সংগে নিয়ে ফুরফুরে হাওয়া সোনা রোদের আলো-
জানিনা কিভাবে জানালা দিয়ে আসছে!

বন্যার জলে গ্রাম ও শহর ভাসছে।
বলা যেতো হলে, রৌদ্র তাপে খেত ও খামার জ্বলছে।
শ্রাবণ গিয়ে এখন ভাদ্র চলছে
কিন্তু এ বছর দিন কাল যেন ভীষণ ভাবেই অন্য-
আকাশের মুখ ভারী করে থাকা কদিন ধরেই চলছে।

গানের কলিরা কেন যেন মনে হঠাৎ করেই ফোটছে-
রোদ উঠছে, ছ'মাস পেরিয়ে চৈতালী হাওয়া ঘুরছে!
ভুল করে আজ তাপিত হৃদয় আনমনে গান করছে!
রবি ঠাকুরের গানের কলিতে উদাসী মন ভাসছে-
“ফিরে এসো, ফিরে এসো, বন মোদিত ফুলবাসে।”

কৃতজ্ঞতা স্বীকার:- রবীন্দ্র সংগীত "অলি বার বার ফিরে যায়, অলি বার বার ফিরে আসে, অলি বার বার ফিরে যায়।”

আগামীকাল কখনো আসে না

যদিও সব সময় তুমি বলতে
"সে আসবে, সে আসবে"
আগামীকাল কখনো আসেনি।

যদিও সব সময় তুমি বলতে
যখন তুমি প্রতিশ্রুতি দিতে
যদিও আমি তা বিশ্বাস করতাম।

যদিও আমি তা বিশ্বাস করতাম
"সে আসবে, সে আসবে"
আগামীকাল কখনো আসেনি।

আগামীকাল কখনো আসেনি।
যদিও তার জন্য আমি অনেক অপেক্ষা করেছিলাম
যদিও সব সময় তুমি বলতে সে আসবে।

তুমি কি সব সময় মিথ্যা কথা বলতে?
তুমি কি আমায় খুশী করতে চাইতে?
তুমি কি সত্যি কথাটি বলতে লজ্জা পেতে?

তুমি কি জানতে না
জীবন মাত্র একদিনেরই প্রদর্শনী
তুমি কি তা জানতে না?

তুমি কি তা ও জানতে

এখানে শুধু আগে আছে, কিছুই নেই পরে
তুমি কি তা ও জানতে?

এখন তুমি যে প্রতিশ্রুতি দাও
আগামীকালের জন্য তুমি যেগুলি রেখে দাও
ওগুলি সব প্রতারণামূলক, যেন এক বাজি ধরছ।

এখন আমি বলছি তোমায়, কসম সে-
শুধু অতীতই আবার ফিরে ফিরে আসে
এমনি হয় সব সময় দেখে আসছি, এই পর্যন্ত।

- এই কবিতাটি কবির ইংরেজীতে লেখা Tomorrow Never Comes কবিতার ভাবানুবাদ।

আত্মপরিচয়

পারিনা আমি পারিনা ভাবিতে করিতে।
তোমার মতো পারিনা আমি যে বিলকুল
ছন্দ মিলিয়ে মিলিয়ে কবিতা লিখিতে।
আমি কিছুই পারিনা করি শুধু ভুলটুল।

অতি বাজে আমি ফালতু না পারি বলিতে
দিন রাত আমি করি মিছে কোলাহল।
শঠ আমি আর আমার শঠতা কালিতে।
আমি কাপুরুষ বৃথা ক্রন্দনে মশগুল।

আমি, আছি যেন নেই এমন অর্বাচীন।
থাকা না থাকার যুদ্ধে আমি প্রাক্তন সৈনিক।
নেই হয়ে বেঁচে থাকা এক বৃক্ষ সুপ্রাচীন।
ভাষাহীন মৌন, আমি বাঁচি শুধু দৈহিক।

অভিশপ্ত কোনো প্রাণী, কোনো অবতার-
দৈবাৎ যদি ঘুম ভাঙে, আমি হ'বো কার?

আত্মার সঙ্গী

তোমার আসা যাওয়া উপস্থিতির কোনোটাই তোমার বাঁধা ছকের বাইরে হয়নি। এই সম্পর্কের দাঁড়ি, কমা, সেমিকোলন তোমার মুখস্ত ছিল।আমার আবদারগুলিও তোমার কাছে খুব চেনা ছিল। আমার উল্লাসের স্থায়িত্ব নিয়ে তুমি নিঃসংশয় ছিলে। শুধু আমার পাগলামিটা ছিল একদম নতুন।

স্থান, কাল, সমীকরণ ভিন্ন হলে আমাকে নিয়ে যে তুমি সত্যি হয়ে যায় এমন স্বপ্ন দেখার অভিলাষ করতে পারতে এ কথাটিও আমায় বলে দিয়েছিলে। পথের অন্য অসুবিধাগুলি বায়ে হাত কা খেল দেখিয়ে সামলে নেয়ার মত শক্ত বুকের পাটাও তোমার ছিল।

নিজের প্রিয় জিনিষ অন্যকে দান করে দেয়ার কোন মহান প্রবৃত্তিও তোমাকে খামোকা তঙ্গ করতে পারত না। নিজের কব্জির জোর নিয়ে বড়াই না করলেও প্রয়োজনে ব্যবহার করতে তোমার কোন অনিচ্ছা ছিল না।

কিন্তু তুমি আমার সাথে পাগল পাগল খেলাটা খেললেও কোনটা বাস্তব আর কোনটা কল্পনা তার প্রভেদ ভুলে যেতে না।

এটুকু ভিন্নতা বাদ দিলে তুমি আর আমি অনেক দূরের দুটি ভিন্ন সময়ে জন্ম নেয়া একটাই মানুষ ছিলাম।

আমরা দুজন হতে পারতাম কি যেন বলে সোলমেট, আত্মার সঙ্গী।

আদম হাওয়া ও চিরাগের দৈত্য

চিরাগের ঐ দৈত্যকেই আজ আদম হাওয়া খুঁজছে।
বালিতে ঘষে ঘষে চিরাগের গায়ে ছালা পড়ে গেল-
তবু দৈত্য এল না।

আদমের মনে সন্দেহ ভীড় করল।
কপালে ফোঁটা ফোঁটা নীর জমল।
হাওয়ার চোখে দুঃখের জল টলমল করল।

দুজনের দেহ-মনে নিরাশার সাইমুম বইল
ঠোঁট শুকিয়ে কিশমিশ হল
তবু দৈত্য এল না।

ওদিকে আজ আসতে চাইলেও চিরাগের চেনা পথে
আকাশে আগুনের ফুলঝুরি ও নিষেধের বেড়াজালে
দৈত্য আটকে গেল।

আদর

মনের আমার বলছি শুন এমন আজব হাল
একটু খানি আদর পেলে ভাসিয়ে দেয় গাল।

কটু কথা শুনলে কেহ কেঁদেকেঁটে ভাসায়।
আমি থাকি অন্য দলে, বকা দিলে হাসায়।

আপন জনই গালি দেবে রেগে গেলে অতি।
দোষ ধরি না হেসে উড়াই শান্ত রাখি মতি।

বকেন যারা জানেন তারা বকার আছে দরকার।
বকাঝকা কাজেই লাগে ক্ষমতা বাড়ায় সইবার।

সময় সময় এমনও ভাবি বকা খাওয়াই ভাল।
কাজটি আমার শুদ্ধ হবে কি ই বা ক্ষতি হল।

হেসে খেলে বকাঝকা উড়িয়ে দেয়ার কায়দা
খুব করেছি রপ্ত আমার সব কিছুতে ফায়দা।

কিন্তু আমার কায়দা কানুন সবগুলি যায় ভেসে
মিষ্টি ভাষায় আদর করে বললে কিছু শেষে।

বুকের ভিতর উথলে উঠে চিনি না এক কান্না।
চোখের জল সামলে বলি দয়া করে জান্ না।

আবর্জনা

তোমায় নিয়ে আমার সব ভাবনা এখন
আবর্জনার স্তূপ।
রাস্তায় রাখা পৌরসভার ভ্যাট,আস্তাকুড়
শেষে কোন নাম না জানা ভাগাড়,ধাপার মাঠ
সঠিক গন্তব্য যার।
শুধু ফেলে আসাটাই যা বাকি।

রাতের রজনীগন্ধা।
স্বপ্নের ছেঁড়া খাম।
শুষ্ক আতরদান।
ছেঁড়া কথার মালা।
রং বেরঙের খোলস।
হিসাবের পাশ বই।
সব আস্তকুড়ে যাক।

আজীবন মনে রাখার জন্য
প্রয়োজন যে ভাব
ফিরে ফিরে দেখার জন্য
প্রয়োজন যে অভাব
তা আর থাকল কোথায়?

তোমার নাট্যশালায়
নিত্য নতুন অতিথি থাকাটাই যে স্বভাব।

তাই,স্বাস্থ্যসম্মতই সাব্যস্ত হয়
নিঃশর্ত খালাস ও বহির্নির্গমন।
একটু কষ্ট হয় বটে ছেড়ে যেতে
তবে সব শেষে জুটে পরিত্রাণ।
মনের ও মল হয়, ভাবি
নিত্য সাফ সাফাই
ঠিকঠাক চাই।

ইচ্ছা ফড়িঙ

আমার কোন কেচ্ছা থাকুক জোরসে চলুক মার্কেটে।
পাপারাজ্জি ঘুরুক পিছে ঢুকুক বাসায় তার কেটে।

একটা কেন দশটা ফটো তুলুক তারা জুম সেঁটে।
লিখুক তারা মশলা মেখে ছাপুক তারা অফসেটে।

আমার সাথে হট্টির ব্যসন দেখুক লোকে ছড়াক ক্লিপ।
দেশ হতে সব দেশান্তরে ছড়িয়ে পড়ুক হট গসিপ।

কেউ যদি কয় ভীমরতি তা বলুক জ্বলে হিংসা তে।
ওসব জেনে মনের সুখে কেক কাটি এক পেগ হাতে।

মজার মজার জীবন দেখি হাজার হাজার পাচ্ছে লোক।
আমার বেলা পাংশে টিভি, ভেসে আসা হাজার দুখ।

এক জীবনে অনেক হল মেনে মেনে পথ চলার।
এবার আমি স্বাধীন হবো কারোর কিছু নাই বলার।

ভাল্লাগে না খাড়া বড়ির ফ্যাকাসে এক নিত্য ভোজ।
থোড় বড়ি তার বিকল্প নয় এখন আমি খাচ্ছি রোজ।

ইটালিয়ান সেলুন

ইটালিয়ান সেলুন আমাদের গ্রামে গ্রামেই ছিল।
পুকুর ঘাটে দুইটি ইট পেতে দুই জনে বসা।
গ্রাহক আর নাপিত।

গ্রাহকের হাতে আয়না, মুখে বায়না।
নাপিতের হাতে ক্ষুর চিরুনি কাঁচি।
দু চার জন উৎসুক দর্শকের আনাগোনা।

উচ্ছন্নে যাইব

মনে আবার সাধ জাগিয়াছে-
আমি উচ্ছন্নে যাইব।

আমায় কেউ বলিবার সুযোগ পায় নাই, তবে
উচ্ছন্নে যাইবি, উচ্ছন্নে যাইবি বলিয়া
বাচ্চাদের যখন রোজ রগড়ানো হইয়াছে
প্রতিবেশীর বাড়ি হইতে তাড়া খাইয়া
উচ্ছন্নে যাইবার ভুত বেড়া ডিঙাইয়া
আমার মাথায় আসিয়া বাসা বাঁধিয়াছিল
এমনটি হয়তবা হইয়া থাকিবে।

এখন বয়স বাড়িয়াছে।
মগজে শর্ট-সার্কিট হইয়াছে।
ঘরেতে কারফিউ লাগিয়াছে।
মন কবিতার কাছে আত্মসমর্পণ করিয়াছে।
ভুতেরও ঘুম ভাঙ্গিয়াছে।

ড্রৌণ ছুটিয়াছে, মিশাইল উড়িয়াছে।
প্রাণও উঁড়ির সীমান্তে আসিয়া দাঁড়াইয়াছে।
উপরে যাইবার সব বন্দোবস্ত-
প্রায় পাকা হইয়া গিয়াছে।
তবে শুনি, উচ্ছন্নে যাইবারও নতুন নতুন
রাস্তাঘাট খুলিয়াছে।

আগে কতবার যাই যাই করিয়াও
আমার যাওয়া হয় নাই।
অনেক বিলম্ব হইয়াছে, আর অপেক্ষা নয়।
বিজ্ঞানের মোহন বাঁশি বাজিয়াছে।
গোপিনীরা সব যমুনা পারে আসিয়াছে।
মনও বিবশ হইয়াছে।
ত্রাহি মধুসূদন বলিয়া-
আমারও উচ্ছন্নে যাইবার দিন ঘনাইয়াছে।

উদ্দেশ্যহীন

দুঃখ দেয়া টা আমার উদ্দেশ্য ছিলনা।
বিধেয় টা ছিল বিধির বিচারাধীন।
দুঃখ আমরা দুজনেই পেয়েছি বেশ।
বোধহয় কোনো উপায় ছিলো না আর।
কার তলোয়ার কাকে কেটেছে এই প্রশ্ন অর্থহীন।
তামাম মুলুকে রক্ত ঝরেছে, প্রেম কিবা প্রেমহীন।

একটি জীবনের সমাপন

সম্ভবত সেটা ছিল রবি বার
নাকি সোম বার
না মঙ্গল বার
বুধ বারও হতে পারে
হতে পারে বৃহস্পতি, শুক্র কিংবা শনিবার ছিল।

ঠিক আছে একটা দিন ছিল।
না।
ঝকঝকে রোদের আলো ছিল বলেই
সেটা একটা দিন ছিল না-
আমার জীবনে সেটা ছিল
নিকষ কাল ঠাণ্ডা একটি রাত্রি।
আমার ঠাণ্ডা লাগছিল। আমার জ্বর জ্বর লাগছিল।
হতে পারে ১০০, ১০২ অথবা ১০৪ ডিগ্রী ফারেনহাইট ছিল।

আমি কিছুক্ষণের জন্য প্লাটফর্মে দাঁড়িয়েছিলাম।
যতক্ষণ পেরেছিলাম
অনেক দূরে চলে যাওয়া ট্রেনটিকে দেখছিলাম-
শেষ অব্ধি যে তোমাকে আমার জীবন থেকে নিয়ে যাচ্ছিল।
এই ট্রেনটি যে আসবে সেটাও যেন বিধির লিখন ছিল-
যে তোমাকে আমার কাছ থেকে চিরদিনের জন্য নিয়ে চলে যাবে।

আমি আবার ভুল করছি
তুমি কখনো আমার ছিলে ই না।
আমরা দুজন কোন এক সফরে সহযাত্রী মাত্র ছিলাম-
যারা খুবই জলদি একজন আরেক জনকে ভুলে যায়।
জীবনের কোন এক সহযাত্রীকে কোনভাবে কখনোই
"আমার ছিল" বলা যায় না।

সবাই ভুলে যায় এবং আমাকেও ভুলে যেতে হবে
ভুলে যাব না এমন দাবিও টিকে না।
আমার অসমর্থতা শুধু আমারই সমস্যা।
বলা নিষ্প্রয়োজন যে আমি সম্পূর্ণ ভেঙ্গে পড়েছিলাম।

আমি আমার টুকরাগুলিকে আর জোড়ে রাখতে পারছিলাম না।
তাই আমি আমার গরম শ্বাস নেয়া মূল্যহীন জীবনটাকে
সামনের একটি পাবলিক বেঞ্চে শুইয়ে দিয়েছিলাম।
এটা ছিল একটি অঙ্কের সমাপন
কিন্তু ক্ষণিকের জন্য আমার মনে হয়েছিল বুঝি
একটি জীবনের সমাপন।

না, এটা একটি জীবনের সমাপনই ছিল-
যদি না জীবনের অর্থ হয় শ্বাস-প্রশ্বাসের মোট যোগফল
এটা ছিল একটা দায়িত্বেরও সমাপন-
যে দায়িত্বটা আমি নিজে নিজে নিয়েছিলাম।
তাই আমি ভারমুক্ত হওয়ার অনুভুতিও টের পাচ্ছিলাম-
যে ভার আমি আমার ইচ্ছার বিরুদ্ধেই বইছিলাম-
কত দীর্ঘ কাল!

না, আমি স্ব ইচ্ছাতেই ঐ ভার বহন করছিলাম।
কারণ অন্য কেউ আমায় ঐ ভার বওয়ার জন্য বাধ্য
করেনি-
একমাত্র আমার হৃদয় ব্যতীত।
শুধু আমি কোন পথে জানতাম না
কিভাবে দূরে সরিয়ে রাখতে হয়-
নিজের কাছে নিজে করা কোন অঙ্গীকার।

এখন আমি ঐ অঙ্গীকার মুক্ত হলাম-
সেটাও আবার আমার ইচ্ছার বিরুদ্ধে।
বেঞ্চে শুয়ে শুয়ে ক্ষণিকের জন্য বোধহয় ভাবলাম-
এখনি ভাবার সময় অতঃপর
আমি এই নিজেকে নিয়ে কি করব।

কিন্তু আমার ভীষণ ঘুম পাচ্ছিল-
আর কিছু ভাবতে পারছিলাম না-
খুব দুর্বল লাগছিল।
তাই আমি গভীর ঘুমে নিমজ্জিত হলাম-
যাতে একটি নতুন পৃথিবীতে জাগতে পারি-
যেখানে তোমাকে ছাড়া বাঁচা যায় এমন একটি নতুন জীবন
শুরু করতে পারি।

এল নিনো, লা নিনা

এল নিনো না আসলে পরে লা নিনাও আসেনা
অতি বৃষ্টি ঝড় বাদলে ভুবনটাও আর ভাসে না।
যীশুর ছেলে এল নিনোরে বালক সুবোধ কয় না
বালিকা লা নিনাও যেমন শান্ত অবোধ হয় না।

দক্ষিণ আমেরিকার দেশ ইকুয়েডর আর পেরু
খুঁজে তুমি পেতেই পার কাছেই যে কুমেরু।
এই দুই দেশের পশ্চিমে ঐ প্রশান্তের অতলে
এল নিনো আর লা নিনারা ঘুরে বেড়ায় জলে।

গরম ছেলে এল নিনো তার অতি গরম মাথা
ফিরে গেলে লা নিনা ধায় শীতল করে যা তা।
দুষ্টু ছেলে দুষ্টু মেয়ে ঠাণ্ডা-গরম খেলে
দুই থেকে আট বছর গেলে ওদের দেখা মেলে।

ভাবছ তুমি আজকে আবার ওদের কথা কেন
তোমার দেশের বৃষ্টি খরা ওরাই ঘটায় জেনো।
এল নিনো যার মাথা গরম, গরম করে জল
জল অতলে তুফান ছুটায়, হাওয়া গরম ফল।

গরম জল আর গরম হাওয়া দিকে দিকে ধায়
উল্টা পাল্টা আবহাওয়ার বিষম বিপদ ঘটায়।
যখন তখন বন্যা ভাসায় পেরুর মরু সাচুরা
উষ্ণ জলের ফোয়ারা ছুটে ভুবন বিশ্ব জোড়া।

যেখানে যা হওয়ার নয় গো সেখানেই সব হবে
এল নিনো ঐ দুষ্টু ছেলের কাণ্ড এমন রবে।
উল্টো চালে লা নিনাও ঠান্ডা বাড়ায় জলে
হ্যারিকেন আর টাইফুনেরও শঙ্কা বাড়ে ফলে।

কচুরিপানা

বানের জলে ভাসে কচুরিপানা।
যায় ভেসে যায়, ঠাঁই নাহি পায়
যায় কোথা নেই জানা।
মানুষ কচুরিপানা।

কারো ঘর ভাসে, সংসার ভাসে
ঘর কচুরিপানা।
সংসার কচুরিপানা।

কারো মুখ ভাসে, কারো বুক ভাসে
ভাসে আপনজনা।
আপন জন কচুরিপানা।

বানের জলে ভাসে শহর গ্রাম।
জীবন কচুরিপানা।

কাকতালীয়

কাকেদের ঘরে শুনি হৈ চৈ কা কা রব।
গুনেগুনে ডিমগুলি থাকে ঐ রাখা সব।
কি ভাবে ডিম বাড়ে খোঁজে মরি নিত্য।
কহে কাক পতিদেব হয়ে বড় ক্ষিপ্ত ।

কোকিলের ছানা তুই বড়সড় করছিস।
আমাদের পোনাগুলি না খাইয়ে মারছিস।
কাক যদি হই আমি হবো নাকো ক্ষান্ত।
না মেরে কোকিলেরে হবো নাকো শান্ত।

এই শুনে মনে মনে করি আমি বচসা।
বিশ্বাস করা ভাল না হলেই কুৎসা।
কালি মাখা কাকেদের যা শুধু হুজ্জত
মানুষের ঘরে হলে হয় মাটি ইজ্জত।

কুৎসিত সত্য

যতক্ষণ
আমি, তুমি এবং তুমি আমিকে সহ্য করতে পারে
আমরা'র রমন্যাস চলে।

- এই কবিতাটি কবির ইংরেজীতে লেখা Ugly Truth কবিতার ভাবানুবাদ

কৃতজ্ঞতা

তোমার লেখাটা পড়লাম, কি যেন নাম কবিতাটির?
আমার নামটি দিয়েছ বেশ, ছন্দ মিলিয়ে মিলিয়ে।
কি যেন নাম রেখেছ প্রাণের লবঙ্গ লতিকার?
তারপর কত কিছুই না লিখলে ইনিয়ে বিনিয়ে!

লিখলে বুঝি এমনি মিথ্যার চাষ করতে হয়? ছিঃ!
আর যা করি ঐ কাজটি করবনা, কোনদিন লিখব না।
লিখছ যেন লেখার জন্যই লেখা, শুধু মিছিমিছি
একটা তাসের ঘর বানাও, আহা, ভয় পেয়োনা, ফুঁ দেব না।

আচ্ছা বলত আমি মরলাম কেন তোমার সাধনা কাব্যে?
আমার বেঁচে থাকাটা কি খুব বেশ ঝুঁকি নেওয়া হত?
জানতামই না তুমি এমন করে ভাববে।
মিস হয়ে গেল, ঈষ, জানলে আমার বেঁচে যেতে লোভ হত।

তুমি সংসারী মানুষ,আরে আরে ভয় পাচ্ছ কেন?
আমারও তো সংসার আছে, মানে একটি তো ছিল।
কত কিছু জানতে তখন, না জানলে চলত ই না যেন
ভুলে গেছ সব? তুমি থাকতে থাকতেই তো আধেধক হল।

আরে না না, আমি তোমায় দায়ী করছি না এখন
ভাঙ্গাচোরা নৌকার পাটাতনে আমার মনটা আটকে ছিল
ডুবছিল, তুমিই তো আমায় বাঁচিয়েছিলে তখন।
অকৃতজ্ঞ নই বন্ধু, তোমার যাওয়াটাও তেমনি জরুরী ছিল।

কোদাল

কোদাল বল, খুন্তি বল, কলম বল
আমার এই একখানি ই সম্বল।
একে নিয়েই আমার দিন কাটে।
একে দিয়েই আমার রুজি রুটি।
একে দিয়েই বিয়ে সাদি বাড়ি গাড়ি সব
হওয়ার থাকলে হয়
নইলে ফুড়ুৎ।
এটি ই আমার আসল পাসপোর্ট।

বাপ মা কত না ঘাম ঝরিয়ে
কত না ই,এম,আই দিয়ে
এই কোদাল কিনে দিয়েছে।
কত না ঝক্কি ঝামেলা পুইয়ে
কত না লিখা পড়া করে
কত না রাত জেগে
আমি কোদাল চালাতে শিখেছি।

এখন কোদালই আমায় চালায়
ঘুম পাড়ায়, রাত জাগায়।
এখন আমার খাইতে কোদাল
বইতে কোদাল, শুইতে কোদাল।
কোদালের পর কোদাল এসেছে
গান শুনিয়েছে, সিনেমা দেখিয়েছে
এখনো কোদাল স্বপ্ন দেখায়

ভয় দেখায়, যুদ্ধ দেখায়।

কোদাল ছাড়া এখন দুনিয়া অন্ধকার।
আমাদের ছেলেমেয়েরাও কোদাল ধরেছে।
ঐ যা হয় আর কি
কোদালির বাচ্চা -নেকস্ট জেনারেশন কোদালি।
রোজগার চাই, নাম চাই, যশ চাই
দুবাই, ব্যাংকক, পাট্টাইয়া চাই
কোদালই একমাত্র ভরসা।
"চল কোদাল চালাই, ভুলে মানের বালাই"
গুরুসদয় দত্তের গানই যেন সার্থক হয়েছে।

ক্ষিদে

সর্ব অঙ্গে ক্ষিদের জ্বালা
গলায় পরা ক্ষিদের মালা
ক্ষিদে অঙ্গের ভূষণ।
ক্ষিদে মনসিজ, ক্ষিদেই মদন
দেহটি ক্ষিদেরই মেলা।

মন মগজের খেলা-
ক্ষিদের কর্মশালা।
সকাল বিকাল যুদ্ধ
ক্ষিদেও অপ্রতিরুদ্ধ
চক্ষু কর্ণ ক্ষিদেতেই ঝালাপালা।

ক্ষয়

এখন থেকে দেড় ঘণ্টা সময়
আমি এই পিলার থেকে ঐ লাইট-পোস্ট অব্দি হাঁটব।
এই দেড় ঘণ্টা আমি নিজেই নিজের সাথে কথা বলব।
আমি নিজের সাথে নিজে কথা বলব কিন্তু কেউ শুনতে পাবে না।

এখন এই দেড় ঘণ্টা সময়
আমি গভীরভাবে পরীক্ষা করব-
আমাদের এই মরতে থাকা সম্পর্কটার হিসাব কিতাব।
আমি দু 'বার ভাবব, তিনবার ভাবব
তোমায় একটা ফোন-কল করা যায় কিনা।

বন্ধু, আমি জানি, আমি যদি এই ফোন-কলটি করি
তুমি তোমার বিখ্যাত বন্ধুত্বপূর্ণ গলায় আমার সাথে কথা বলবে।
কিন্তু এখন আমি এটাও বিশ্বাস করি
তুমি কখনোই আমায় প্রথমে ফোন করবে না।
এটা আমার কাছে খুবই গুরুত্বপূর্ণ বিষয়
কিন্তু আমি নিশ্চিত, তুমি কখনোই এটা জানতে পারবে না।

এই পিলার থেকে ঐ লাইট-পোস্ট অব্দি হাঁটতে হাঁটতে
এখন এই দেড় ঘণ্টা সময়
আবার আগামী সপ্তাহে এবং আরো কিছু সপ্তাহ পরপর
একই দিনে, একই সময়ে, এখানে আমি ধীরে ধীরে

আমি আমার প্রথমে ফোন করার ইচ্ছাটাকে বধ করব।
হতে পারে কোনো একদিন, তোমার সাথে কথা বলার
ইচ্ছাটাও একেবারে শেষ করব।

হতে পারে খুব শীঘ্রই, খুবই দুঃখের সংগে যদিও
আমার স্মৃতি থেকে তোমার অস্তিত্বটুকুও ধুয়ে ফেলব।
হতে পারে খুব শীঘ্রই (যদিও আমি চাই না এমন হোক)
ফোন বুকে তোমার ফোন নম্বরটাও
একটি অচেনা নম্বর হয়ে যাবে।
এমন হলে খুবই খারাপ হবে কিন্তু
আমি অসহায়, বন্ধু, আমি অসহায়।

- এই কবিতাটি কবির ইংরেজীতে লেখা Erosion কবিতার ভাবানুবাদ

খনিজ

দুর্লভ খনিজের মানচিত্র বেয়ে চিন্তা স্রোতস্বিনী
দেশ হতে দেশান্তরে খুঁজে পায় খনি।
দস্তা, লোহা, তামার হদিস সেই কবেকার কথা
সোনা-রূপা-হীরার খনিরও পথটি ছিল যা তা।
কে ই বা তখন চিনত ওদের অন্য খনিজ যত্ত
এখন সবাই বুঝছে ভ্যালু চাই ওদেরও স্বত্ব।

দেশ তো সবার উপর উপর
মাটির নিচেই ধন।
আসল লড়াই ওদের দখল
হচ্ছে বিকি রণ।

খবরের কাগজ

খবরের কাগজের বিজ্ঞাপন-ঝাড়
ভেদ করে খবরের মুখ দেখা ভার।

আধুনিক শিল্পকর্ম পরিবেশনার
পড়তে পড়তে করি অনুভব তার।

পরতে পরতে ছাপা পণ্য সংবাদ
কেন তারা থাকে তাহা বৃথা বিসম্বাদ।

অবিরাম খুঁজে খুঁজে আগাপাশতলা
খোঁজ পাই খবরের পেট-মাথা-গলা।

খবরাখবর দেখি দাড়িয়েছে শত
বিজ্ঞাপনের ভীড়ে শির করে নত।

খাঁচা

মহাজাগতিক ঘড়ির কাঁটায়
সেকেন্ডের লক্ষ কোটি ভগ্নাংশের
সামান্য কমবেশী ব্যবধান
বিশ ত্রিশ বছর
আমাদের ঘড়িতে অনেক সময়।
কত কিছু ঘটে যায়-
বন্ধনের কত না রঙবেরঙের খাঁচায়
সাজানো সংসার অপেক্ষায় থাকে-
টুক করে কয়েদ করে নেয়
আজন্ম ভালবাসার প্রতিশ্রুতি দিয়ে।
তোমার শেষ হয় না বন্দী জীবনে
মায়া, মায়া বলে খোল করতাল বাজিয়ে
মহা প্রস্থানের পথে
চলে যায় হাজার লোকের মিছিল।
যাওয়ার সময় সবাই স্বার্থপর হয়।
তোমার বুকফাটা আর্তনাদ শুনে
ফিরেও তাকায় না একদা আপন জন।
সময়ের ঐ ব্যবধান
প্রত্যেকের জন্য করে রাখে
ভিন্ন ভিন্ন খাঁচার সংস্থান।
তোমার জন্যও রাখা আছে
অনেক অনেক খাঁচা-
যাওয়ার আগে এই পরম সত্য
ওদেরও জানা হয়ে যায়।

খাওয়া-দাওয়া

ছোট দুটি কুঁড়ে ঘর ছন দিয়ে ছাওয়া।
ছোট এক পাকঘর মাথা নুয়ে যাওয়া।

লাকড়ির চুলা তাতে রান্নাবান্না করা।
ধূঁয়াময় পরিবেশে চোখ জ্বালা করা।

কাঠের পিড়িতে বসে পাত পেতে খাওয়া।
ডালভাত চটকিয়ে লেবু মেখে যাওয়া।

আধখানা ডিম দিয়ে এক থালা ভাত
খুশী খুশী খাওয়া হওয়া দিন কিবা রাত।

সিদ্ধ-আলু মাখা হওয়া লঙ্কা-পিঁয়াজে।
লোভ হওয়া অমৃতে সরিষার ঝাঁঝে।

খিচুরি রান্না হওয়া শীতে বর্ষাতে।
ভরপেটে শান্তিতে ঘুম হওয়া রাতে।

সকালেতে দুধ মুড়ি সাথে জুটা কলা
মহাভোজে মহাতৃপ্তি যায় কি গো ভুলা!

বিকেলে মুড়ির সাথে লঙ্কা-পিঁয়াজ কুচি
পেট খুশি, মন খুশি, মুখে পাওয়া রুচি।

শুঁটকি মাছ রান্না হলে গন্ধে আমোদিত
ভাত মেখে খেয়ে যাওয়া চক্ষু মুদিত।

মাছ খেলে কাঁটা চাই বিড়ালের দাবি।
ছানাপোনা এসে গেলে মুখে তালাচাবি।

কুকুরের ঘেউ ঘেউয়ে ভাগ, ভাগ, শুনা।
দুয়ারে দাঁড়িয়ে তার অপেক্ষায় দিন গুণা।

কল পাড়ে এঁটো নিয়ে ভীষণ কাড়াকাড়ি
কাক-কুকুরের হুটোপুটি এটা কার বাড়ি।

আধুনিক পাকা বাড়ি এটাচড কিচেন।
গ্যাস-চুলা চিমনি ও এক্সহস্ট ফ্যান।

মাছ, মাংস, ডিমে ভরা ফ্রিজে যেন মেলা।
সব্জী, চীজ, দুধ, মাখন, ফল মূলের ঠেলা।

নুডলস, পাস্তা, উটস, ডাল, তেল, চাল।
নামী দামি ব্রেন্ডের নামী দামি মাল।

স্বাস্থ্যকর না বুঝিলে খাওয়া আছে মানা।
বুঝে শুনে আনি খাই সব আছে জানা।

খাওয়ার টেবিলে বসে আনমনে খাওয়া।
দেয়ালেতে টিভি শোভে শুধু দেখে যাওয়া।

ডিশ প্লেটে এটা ওটা চোখের খাবার।
চেখে চেখে রেখে যাওয়া ভোজন কাবার।

শেষ পাতে পাতা পাতা এন্টাসিড খাওয়া।
শেষ রাতে ঘুম হোক এতটুকু চাওয়া।

খাদ্য

আমি ঠিক বুঝাতে পারব না কিভাবে
কিন্তু এতদিনে আমি জেনে গেছি
কবিতা আমার মত অন্য আরো অনেকের কাছেই খাদ্য।
অন্য প্রত্যেকটি খাবারের মতই প্রতিদিন আমার পাতে
সুস্বাদু কবিতার টুকরা বেড়ে দিতে হয়।

প্রধানত আমি আমার নিজের-তৈরি কবিতাই খাই।
বারবার আমি একই কবিতা ভিতরে চালান করি-
যার স্বাদ, দিনের পর দিন, প্রত্যেক দিন, আলাদা হয়।
আমি জানিনা এই খাদ্য কতটা ভাল বা মন্দ
কিন্তু এটি আমাকে দিনের পর দিন তাজা রাখে।

আমি অনিদ্রারোগী নই তবু-
মাত্র কয়েক ঘন্টাই আমি ঘুমাতে পারি।
কারণ কবিতা আমায় জাগিয়ে রাখে-
যখন আমি ঘুমিয়ে থাকি তখনও।
আবার যখন আমি জেগে থাকি-
কবিতা আমায় ঘুম পাড়িয়ে রাখে।
আমি এও জানি, যে
তোমাদের অনেকের সঙ্গেও এমনটাই হয়।

কিন্তু সাধারণ লোক বিষয়টি ঠিক বুঝবে না।
আমি ঐ সব লোকেদের সঙ্গেই বসবাস করি
যারা বুঝতে পারে না, আমিও বুঝাতে পারি না।

তারাই সুন্দর লোকজন যাদের কথা আমি ভাবি।

তুমিও নিশ্চয়ই এমন অনেকের সঙ্গে বসবাস কর-
যাদের মন-মানসিকতা একদম আলাদা ছাঁচে গড়া।
তাদের এমন কোন বিশেষ-খাদ্য প্রয়োজন হয় না
তাই, তাদের সাথে আমিও আমার
খাদ্য-ভাগ করার কোন তাগিদ অনুভব করি না।

- এই কবিতাটি কবির ইংরেজীতে লেখা Food কবিতার ভাবানুবাদ

খাস তরকিব

আমার ভীষণ ভুলে যাওয়ার বাতিক
তার কিছুটা বয়স জনিত, বেশীটা অন্যকিছু।
সেই যেন কবে মন খুঁজেছিল এক তরকিব খাস-
ভাল থাকার কোন অমোঘ অস্ত্র
জরি বুটি মন্ত্র-টন্ত্র, বুদ্ধি-টুদ্ধি এমন একটা কিছু আজব জিনিষ
যেন লহমায় পৌঁছে যাওয়া যায় ভালো থাকার কোনো নিরাপদ ঠিকানায়-
যেখানে অন্তত মনেমনে ভালো থাকা যায়।

তখন ভীষণ জরুরী ছিল এমন কিছু চাওয়া এমন কিছু পাওয়া।
আমার চোখের জলে ভিজে যাওয়া প্রার্থনা
শুনল বোধহয় ফারিস্তা কেউ উপর থেকে আসা।

রেখে গেল বর এক ছোট্ট খাসা। ছোট চিরকুটে লেখা-
সে অমোঘ মন্ত্র- 'ভুলে যাও'-সেই থেকে হলো পাওয়া।

খোলা চোখ বন্ধ

এমনটা হামেশাই হয়, হইয়াছে।
আমার খোলা চোখ দুইটি যুগপৎ বন্ধ থাকিয়াছে।
তখন আমার একটি শিক্ষা লাভ হইয়াছে-
এক হয়না চোখ আর দৃষ্টি।
বাইরে অঝোর বৃষ্টি-
মন আমার মরুভূমিতে ঘুরিয়া বেড়াইয়াছে।

শুষ্ক মরুর বিষাক্ত সাপ-
আমার গলা জড়াইয়াছে।
আমি বেদুঈনা আসিবে জানিয়া অপেক্ষা করিয়াছি।
তাহার বার্তা আসিয়াছে ভাবিয়া ভ্রম করিয়াছি।
বাইরে বৃষ্টি ঝরিয়াছে, আমি তৃষ্ণায় মরিয়াছি।

এমনটা হামেশাই হয়, হইয়াছে-
বেদুঈনা আসিয়াছে।
আমার দৃষ্টি তাহারে দেখিয়া দেখিয়া প্রাণ জুড়াইয়াছে।
পোড়া মন দেখিয়াও না দেখিবার ভান করিয়াছে।
আমার খোলা চোখ দুইটি যুগপৎ বন্ধ থাকিয়াছে।

গর্ত ও মুড়ির টিন

রাস্তা মানে গর্ত, খানাখন্দ
বাস মুড়ির টিন।
রিকসা চড়লে উঠা নামাই নিয়ম
বাসে চড়লে কাটছে সারা দিন।

কাদামাখা রাস্তা হলে
সাইকেল চড়ছে কাঁধে।
মা তখনও কুপি জ্বেলে
রাতের ভাত রাঁধে।

হারিকেনের ঘোলা কাঁচে
ঘুম হয় সব জমা।
মা বলছেন ডেকে ডেকে
আঁচটা আরো কমা।

জোরে জোরে পড় রে সবাই
আওয়াজ যেন শুনি।
কবে যে সব বড় হবি
টানছি আমি ঘানি।

দেহ কষ্ট, মন কষ্ট
কষ্টের সীমা নাই।
অন্ন কষ্ট, বস্ত্র কষ্ট
কোনদিকে যে যাই।

মুদীর দোকান, বাকী খাতা
ঘন ঘন ঋন।
মনের ভিতর আছে জমা
এমনই সে সব দিন।

মুড়ির টিন ভর্তি মুড়ি
না থাকলেই দুখ।
আদা পিঁয়াজ লংকা কুচির
চোখের জল ই সুখ।

গাজর

জীবনে একটা সময় সবাই একটা গাজর খুঁজে।
আমিও হন্যে হয়ে একটা মোটা গাজর খুঁজছিলাম।
পাচ্ছিলাম না, পাচ্ছিলাম না–
যখন পেলাম ছোট পেলাম, শুকনা পেলাম।
পেয়ে খুশি হলাম না তবে নিয়ে নিলাম।
বন্ধুরা সব মোটা মোটা রসালো গাজর পেয়ে খুশি হল।

শেষমেষ একদিন আমার হাতেও একটি মোটা গাজর এল।
আমিও জাতে উঠলাম আর বাজারে আমার ডিমাণ্ড বাড়ল।
আছে গাজর আর নাই গাজরের দুনিয়া আলাদা হয়–
সেটা জানতাম, তবে কতটা আলাদা হয় তা এখন জানলাম।

গাজর আমায় খিতাব দিল আমি গাজরকে খিদমত দিলাম।
গাজর আমার বিয়ে করাল, এক সে দু, দু সে চার করল।
আমিও গাজরটি ধরে রাখার জন্য দশটা পাঁচটা করলাম।
গাজর আমায় স্থায়িত্ব দিল, আমি গাজরের দায়িত্ব নিলাম।

আমার গাজরটি আরো মোটা হল, আমিও মুটিয়ে গেলাম।
গাজর আমায় ভয় দেখাল, অমনি আমি সুঁটিয়ে গেলাম।
শেষমেষ আমার গাজর থাকলে দেহ থাকে না
দেহ থাকলে গাজর–এমন অবস্থা হলে
আমি গাজর ছেড়ে পাঁজর বাঁচালাম।

সারাজীবন আমিই গাজর খেলাম, না গাজর আমাকে খেল?
নাই কাজ তো খই ভাজ– আমি তার হিসাব কষতে বসলাম।

গুসসা

আমার আছে তোমার আছে
অনেক অনেক গুসসা।
আরো আছে অনেক অনেক
প্রেম প্রীতি ও ভালবাসা।
তবে পাল্লাভারি গুসসার।

গুসসার অনেক তেজ।
আগুনের ফুলকি
লংকার ঝাঁঝ, বাক্য-বাণ
জিহবাগ্র ধনুকে সংলগ্ন।
সামনে কাঁচুমাচু শিকার।

আমরা এক, আমরা অভিন্ন।
হাজার হাজার মাইল
বেশ কয়েক দশক
অলঙ্ঘনীয় সীমান্তের কাঁটাতার-
নিশ্চিত করে আমাদের শান্তিপূর্ণ সহাবস্থান।

বেয়ারা বিজ্ঞান-
নেই যার কোন কাণ্ডজ্ঞান
দূর কে নিকট করে
ভোজবাজির খেল।
শুধু শুধু শান্তি ছারখার।

গ্রেট

এলএ 'র বাতাসে লাগে
বসন্তের ঘোর
জনতার মুখে শুনি
সত্যের সুর।

কলম্বাসের আগে বল
এ দেশ ছিল কার?
কে নয় এ ভূমির শুনি
খাঁটি দখলদার?

স্যান-ডিয়েগো থেকে পরে
টেক্সাসে ঐ
এই দাবানল ছড়িয়ে পড়ে
চোখ মেলে রই।

এই চেতনাবোধই গ্রেট
এটাই আমি মানি।
জমিদারি ভাবনার
তুচ্ছ বাকি বাণী।

কৃতজ্ঞতা স্বীকার :- NEWS #laprotesters

ঘা

প্রেম-দিবসে প্রেমের কথার
ফুটছে মুখে খই।
এমন দিন যে আমারও ছিল
আজ গেল সে কই?

আমিও আছি তুমিও আছ
বুক ভরা ঘাত সয়ে।
গোলাপ নয় গো গোলাপ কাঁটার
হাজার ক্ষত নিয়ে।

আজ আমাদের পথের মোড়ে
দেখা হোক, কে চায়?
আমিও না, তুমিও না
অন্য দিকে যাই।

আসছে যখন বছর বছর
ভালবাসার দিন-
নতুন প্রেমিক নতুন প্রিয়ার
বাজছে মনে বীন।

ভাবনা আসে ওদের গিয়ে
বলি রাখিস হুঁশ।
পরক্ষণেই সামলে চলি
বলার লক্ষ দোষ।

চাঁদমারি

আয় না সবাই চাঁদমারি হই
মুখে ফোটাই খই।
বলি কথা রং মেখে কোন
নেপোয় মারে দই।

আয় রে বোকা, সেজে খোকা
ভুলি বিপদ কি।
বলে দেই সব পেটের কথা
যা আছে সব ফ্রী।

আয় রে আমার পাগলা ভোলা
বিবাদ করি রোষে।
কান মলে দেই দুষ্ট ওদের
রাগ রেখেছি পোষে।

আয় না, সময় যাচ্ছে চলে
ঘুমাস কেন তুই।
বাঁদর গুলো চড়ছে গাছে
ক্যামনে আমি শুই?

বকবকানি জমে পেটে
কি যে মনের হাল।
কিচ্ছুই ভাল হচ্ছে না আজ
দিচ্ছে ফাঁকি কাল।

সামলে থাকা হচ্ছে কঠিন
দিয়েই যাচ্ছে গোওও..ল।
আয় না সবাই সংগে জুটে
ফোটাই দুটি হুল।

কাদের গায়ে বলব কেন
তোর কি দু চোখ কানা?
ভয় দেখে তোর পাচ্ছে হাসি
চাঁদমারি হই, আ না।

চাঁদমারিটাই স্বপ্নে যাবে
লেখা হবে বই।
বুক পেতে চল দাঁড়াই সটান
কাল ইতিহাস হই।

চাঁদের টুকরা

সময় বীত যায়, বীত যায়, সময় বীত যায়।
কেউ গাইছে, ক্লাসিকেল, অন্য বাড়ির ছবি।
খুব সুন্দর গায়, মনে মনে ভাবি।
“রৈনা বীত যায়, শ্যাম না আয়...”

চিরন্তন সেই সুর, সেই গান, মনে পড়ে যায়।
খুব ভাল গাইছে গানটা, চমৎকার গলা।
না কি প্রোফেশনাল সিঙ্গার? ধূর কাঁচ-কলা।
এমন একটা গান শুনলে দিন ভালো যায়।

এক সময় গান থেমে যায়, মোবাইলটা বাজছে।
কাজের দুনিয়ার ডাক, নো সঙ ওনলি ওয়ার্ক।
লাইফটা হেল করে দিল, বজ্জাত বসটা।

কলিং বেলটা বাজল, কেউ কি ডাকছে?
হৃদয়বীনা বেজে উঠল, ঝনঝনাঝন-ধ্বক।
তবে কি চাঁদের টুকরা? কেঁপে উঠল বুকটা।

কৃতজ্ঞতা স্বীকার:- হিন্দী গান:-"রৈনা বীত যায়, শ্যাম না আয়ে, নিন্দিয়া না আয়ে.."
হিন্দী ছায়াছবি "অমর প্রেম" কন্ঠ:- লতা মঙ্গেশকর
গীতিকার:- আনন্দ বক্সী সুরকার:- রাহুল দেববর্মন।

চাই না আর চাই না

গল্প শেষ হয়েছে, যাও, এখন নিঃশ্চিন্তে ঘুমাও।
দরজায় ডোন্ট ডিস্টার্ব না লিখলেও পারো
অন্য কেউ যদি আসতে চায়, আসতেও পারে।
কে জানে কার কাছে কার কি দরকার থাকে!

আমাদের গল্পের নটেগাছটি মুড়িয়েছে বেশ-
এর বেশী উপমা আসেনা আমার।
জেনে গেছি, আমি যা চাই তা খুব বেশী চাওয়া হয়ে যায়।
মনের অধিকার চাও? আহা! যেন ছেলের হাতের মোয়া।

জেনে রেখো আজীবন, চাইতে নেই মন-
আপন আপন ধন, কার জন্য রাখা, হয়ত বা সেই জানে
অথবা ধর জানেনা একদম, তবু যদি রাজি
না হয়ে থাকে একবার দিতে, ধরাধরি, পীড়াপীড়ি, গড়াগড়ি
বৃথা।

আজ নয় কাল পাব ভাবা? পেয়ে গেলে হবে পাওয়া নবম
আজুবা।
ভেবে ভেবে হতে পার বিকল, তবু সফলতা চাঁদ-
এর বেশী উপমা আসেনা আমার, থাকবে অধরা।
কারে কই, কেন কই, শুনে কে? নেই জানা আমি হতচ্ছাড়া।

চাওয়া পাওয়া

আমরা বিদেশে যেতে চাই।
আমরা এমন কোন দেশে যেতে চাই যেখানে
রোজগার ভাল, সুখ সুবিধা বেশী
আইন কানুনের কড়া কড়ি আছে
মানুষে মানুষে ভেদাভেদের সুযোগ কম
বাঁচার সুযোগ আছে
শিক্ষার সুযোগ আছে
কাজের সুযোগ আছে
তুলনামূলক ভাবে অনেক বেশী।

গ্রীন কার্ড আছে, সামাজিক নিরাপত্তা আছে
সব নাগরিকের প্রতি রাষ্ট্রের সমান দায়বদ্ধতা আছে
এমন সব ভাল ভাল দেশেই না আমরা যেতে চাই।
আমরা ইউরোপে গিয়ে থাকতে চাই
আমরা আমেরিকায় গিয়ে থাকতে চাই।

আমাদের দেশের ছেলমেয়েরাও
জ্ঞানের পুজি নিয়ে কত না দেশে গিয়ে
কত না উঁচু উঁচু পদে কাজ করছে
কত না মান সম্মানও পাচ্ছে।
একবার এমন কোন দেশে স্থিতু হওয়া গেলে
কে আর দেশে ফিরতে চায়।

সাদা, কাল, বাদামী, হলুদ

আমেরিকান, এশিয়ান, আফ্রিকান,
লেটিন, এমনি কত না জানা অজানা
ভিন্ন ভিন্ন জাতি প্রজাতির মিলন মেলা
আজকের তথাকথিত উন্নত বিশ্ব।
ওদের দেশে এটা ওটার ভিত্তিতে
ডিভাইড এণ্ড রুল খাটে নি
আমাদের উপমহাদেশে যা খুব খেটেছে।

আমরা আমাদের দেশে নিশ্চয়ই ওদের মত
নিরাপদ জীবন চাই না।
মানুষের সার্বিক অর্থনৈতিক সচ্ছলতা চাই না।
আমরা শুধু আমাদের মত থাকতে চাই।

ওদের মত স্বয়ম্ভর আত্মনির্ভর দেশ
আমাদের কল্পনাতেও আসে না।
আমাদের প্রায়োরিটি ভিন্ন।
আমাদের কাজ কর্ম ভিন্ন।
আমাদের ফলাফল ভিন্ন।

চুরি ছিনতাই

একদিন মন উদাস হল
ছুটে গেল গাঙের পাড়।
গানে গানে রিক্ত হল
সিক্ত হল চোখের ধার।

কেউ পেল না খবরটি তার
কোথায় আছে করছে কি।
ঘরে শুধুই রইল দেহ
মন গেল কার পিছে, ছিঃ।

শ্যামের বাঁশি শুনল বুঝি
চোখের তারায় লাগল ঘোর।
দূরের মানুষ ভাবল আপন
আপন মানুষ করল দূর।

ভাবছ বুঝি বয়স কাঁচা
একটু উদাস ছিলই বা।
গোপন কথাই বলছি শুন
ছিল বেশীই, জানে গাঁ।

দেশেও অভাব, মনেও অভাব
স্বভাব ঠিক আর থাকছে কই।
কতই অচিন মারণ বাণে
কতই বেঘোর মরছে ঐ।

মনের তালা মনের চাবি
হুট করে যেই খুলল কেউ।
মনের ঘরেই করতে চুরি
চোর ছিনালের ঘুরছে ফেউ।

কখন যে মন ভটকে যাবে
খুঁজতে যাবে মানুষ তার।
পাগল পাগল ঘুরবে মিছে
আটকে রাখাই হবে ভার।

চোখ পাকিয়ে আগলে রাখো
রাখছে যেমন আমায় কেউ।
ঘরের মানুষ ঘরেই থাকুক
যতই প্রাণে উঠুক ঢেউ।

চোরকাঁটা ও লজ্জাবতীর দুনিয়া

যখন ওদের দুনিয়াটি উজাড় হইয়াছে-
চোরকাঁটা ও লজ্জাবতী খুব কাঁদিয়াছে।

পাহাড় দেখিয়াছে, জঙ্গল দেখিয়াছে-
যন্ত্র আসিয়া চাঁছিয়া চাঁছিয়া
ওদের অস্তিত্বের শেষ চিহ্নটুকুও মুছিয়া দিয়াছে।

ওদের দেহ পাতালে নিক্ষিপ্ত হইয়াছে।
চোরকাঁটার কবরে রাস্তা বসিয়াছে।
লজ্জাবতীর কবরে মল বসিয়াছে।

চাঁদ-সূর্য দেখিয়াছে, দূর আকাশের তারা দেখিয়াছে-
তবু কোন মানুষ তাহাদের বিলুপ্তি দেখে নাই।
মানুষের আদালতে ওদের জন্য কোন আপীল হয় নাই।

জীবন যুদ্ধ

তোমরা স্বীকার না করলে কি হবে
আমাদেরও একটা নিজস্ব যুদ্ধ আছে।
আমরা এর নাম দিয়েছি জীবন যুদ্ধ।

আমরা মরতে চাই না, মারতে চাই না।
এটা কি রকম বাঁচা? এমন চোখা চোখা প্রশ্ন পাশ কাটিয়ে
এ যুদ্ধে আমরা শুধু বেঁচে থাকতে চাই।

একবার বেঁচে থাকাটা নিশ্চিত হলে
অঢেল সময় পাওয়া যায়।
তখন আমরা ঘুমাতে পারি, খেতে পারি, কাঁদতে পারি।

কূট-কচাল করতে পারি, লুটতরাজ করতে পারি
হিংসা, বিদ্বেষ, মারামারি, হানাহানি, নিপীড়ন-
একবার বেঁচে থাকলে সুযোগ মত এগুলি সব করা যায়।

মরে গেলেই চিৎ। একদম ক্ষমতা রহিত।
বল হরি হরি বল। ধূপধুনা। কীর্তন। শ্রাদ্ধ।
একেবারে উপরে যাওয়ার ট্রেন ধরিয়ে দেয়।

বাকি ধম্মাধম্মের হেরফেরে
অন্যরা অন্যভাবে অন্য ট্রেন ধরে, উপরে যায়।
উপরে ঝাড়াই বাছাই শেষে আমাদের কিছু একটা হয়।

জানি না কোন পুণ্যবলে তবে এটা সত্য মনে হয়-
আমরা সবাই ফিরে আসি ।আমাদের সংসার বড় হয়।
আমাদের দুঃখ কষ্ট বড় হয়, অভাব বড় হয়।

জীবন যুদ্ধে, হৈ হৈ রই রই, একমাত্র আমরাই জয়ী হই।
আসুক যুদ্ধ, আসুক। কেবলই সংখ্যার জোরে
আগামী সব যুদ্ধে শুধু আমরাই জয়ী হব।

জ্যান্ত চলচ্চিত্র

দিনভর কথাকলি রাতভর আলো
সাইরেনে মাখামাখি লাগছে কি ভালো।
যুদ্ধটা লেগে গেছে টিসিম টিসিম।
দাদুভাই দেখে বলে গেমগুলি সেইম।

মজার মজার বাজি উড়ে ঝাঁকে ঝাঁক।
আসমানে জেট উড়ে করে চিচিংফাঁক।
চমকিত খোকা খুকি বলে লাইভ লাইভ।
ছেলে বুড়ো আহ্লাদিত কি দারুন ভাইব।

খবরেতে হুমকির আসা যাওয়া যত-
চা'র সাথে নমকীন মজা জুটে শত।
ঘরে ঘরে গুণা গুণি কার আছে কি
কার বাজি ভাল ফোটে কার টা মেকি।

ফুটেজের দুঃখটা পাশ কেটে গেলে
যুদ্ধের মজা ভারি, ঠিকঠাক মিলে।
দর্শক যদি কেউ আফসোস করে
শক্ত হয়নি মন ঠেল তারে দূরে।

থেমে গেলে মারামারি, শীতল হলে দেশ
জ্যান্ত চলচ্চিত্র দেখার সুবিধাটি শেষ।

ঝোঁক

দিনকাল যেমন যাচ্ছে
আকাশবাণী দেয়াল ফুঁড়েও আসছে।
ফুসমন্তরে কানে কানে
মনে মনে ঢেউ তুলছে
সুনামি, ঘূর্ণি পাক।

মাঝি তুমি আর দাঁড় বাইবে কত?
যাবে কোথায়? ছাড় হাল।
নিপাত যাক দয়ামায়া সংসার।
একটু কেঁদে বুকটা হালকা কর।
চিৎকার করে বল
এমন জীবন চাইনা।

ধ্বংসও নয়নের মণি।
সেও তোমার তুলতুলে মনে
একটু আশ্রয় পেতে চায়।

এখন এই যুগ সন্ধিক্ষণে
পারমুটেশন কম্বিনেশনই
নতুন গোপন ভাষা।
সহস্র নতুন সম্ভাবনার কুঁড়ি
রোজ ফুল হয়ে ফোটছে।

সম্পর্ক রক্তের দোহাই

দিয়েছে লক্ষ কোটি বার।
সাত পাঁকের বাঁধন
তবু খুলেছে বার বার।
কসম টুটেছে ঘরে বাইরে
কফি হাউসের দোতালায়
নির্জন সৈকতে।

ব্যবসা ই জীবন। ব্যবসা।
আমাদের পাক্কা ব্যবসায়ী চোখ
রোজ খুঁজে পায় হীরার নতুন খনি।
মণি মুক্তার প্রতি তার ঝোঁক
মনে চিরকালই ছিল ।

একবার তো চোখ খোলো মাঝি
তোমার অপাপবিদ্ধ দু নয়ন
সব অবাক হয়ে দেখুক।

ঠেকা

ঠেকে ঠেকেই তো কাটিয়ে দিলাম
আস্ত একটি ঠেকার জীবন।
আমাকে চিনাতে হবে না-
ঠেকা আমি বেশ চিনি।

আমি ঠেকাও চিনি-
ঠেকায় পড়া মানুষও চিনি।
আর চিনি কিছু অন্য মানুষ-
যারা ঠেকায় পড়া মানুষ খোঁজে বেড়ায়।

এমন ভাবার কারণ নেই
ঠেকায় পড়া মানুষই শুধু খোঁজে-
কাজ খোঁজে, আত্মীয় খোঁজে, বন্ধু খোঁজে।
অনেকে শুধু ঠেকায় পড়া মানুষই খোঁজে।

ঠেকায় পড়া মানুষও কিছু ফেলনা নয়।
শ্রমের বাজারে এমন মানুষেরই কদর বেশী।
ওরা নম্র হয়, ভদ্র হয়, মৃদুভাষী ও সুশীল হয়।
কিন্তু মুশকিল হল এমন মানুষের
চাহিদা বেশী হলেও যোগান কম হয়।

অর্থনীতির নিয়ম, বাজারের নিয়ম
ওদের মজুরির বেলায় একদম খাটে না।
পাওয়া গেলে ঠেকায় পড়া মানুষ
চিরদিন সস্তায়ই পাওয়া যায়।

সস্তা দামের ঠেকার মানুষ পাওয়ার জন্য
ঠেকা তৈরি করতে হয়।
যুদ্ধ করতে হয়, ছাঁটাই করতে হয়।
একটু আধটু হাত ময়লা করতেই হয়।

অবশ্য শুধু উপরওয়ালা চাইলেই
ঝড় বাদল, বন্যা আকাল হয়েও
ঠেকায় পড়া মানুষের যোগান বাড়ে।

তবে উপরওয়ালা না চাইলেও চলে
ঠেকায় পড়া মানুষরাও নিজেদের
ঠেকা বাড়াতে বেশ পছন্দই করে।
ওরা নিজেরাই ঠেকার বংশবৃদ্ধি করে।

টিসুম ঢুসুম

বেড়ে সময়, টিসুম ঢুসুম
হচ্ছে কথার রোজ।
কথার পিঠে চড়ছে কথা
কথামৃতের ভোজ।

উড়ছে কথা হাওয়ায় হাওয়ায়
ভাসছে কথার ঢেউ।
কথায় চমক, কথায় ধমক
কেউ বা কথায় ম্যাও।

কথার গুলি, কথার বোমা
ছুটছে অহরহ।
লক্ষ কথা খাচ্ছে গিলে
এইটুকু তো গ্রহ।

কথায় কথায় ঝাল মিশিয়ে
ছড়াচ্ছে যা ত্রাস
শিড়দাঁড়াতে ঠান্ডা হাওয়া
যদিও চৈত্র মাস।

তবে কিনা কথা কথা ই
কূটনীতিরই চাল।
কথায় যদি বিশ্ব বাঁচে
ভয় থাকে না কাল।

তামাদি

মনকে বললাম শুনো
এখন ভীষণ ধরাধরি চলছে।
চোর ছেঁচড় আগেই পালিয়েছে
ভদ্রলোক ধরা পড়ছে।

কেউ কেউ শুনি মস্ত বাড়ি ফেলে
বিদেশের গাড়ি ধরছে।
তামাদি হয়েছে বিরহ তোমার
জং ধরি ধরি করছে।

থেমে থাকা যুদ্ধ

ঐ শুন ফিসফিস
পৃথিবীর থেমে থাকা সব যুদ্ধ
আজ অকস্মাৎ রণ সাজে উদ্বুদ্ধ।
তোমার কর্ণ কুহর
দুইটি চক্ষু বিবর
নাসিকার দ্বার
সব খুলে রাখ ত্বরা।
অনাদি আদিম যুদ্ধে
শীঘ্র মাতিবে ধরা।

পক্ষ তোমার যে কোন একটা চলবে
এখন লটারি তবে
শেষের সেদিন যদি
মানব নামে কিছু বাঁচে
বেঁচে থাকা শিশু শেষ কথাটি বলবে।
ধর্ম থাকবে কি না-
রীতি নীতি সম্প্রীতির
ভবিষ্যতও স্থির করবে।

আপাতত সব গুরুগম্ভীর বিষয়
তাকের উপর তোলা থাকল।
স্বল্প সময়ে মৃত্যু আয়োজনে
দোষ ত্রুটি কিছু থাকবে।
শান্ত কবরে সমাহিত হয়ে থাকার

পঞ্চভূতে মন্ত্রে বিলীন হওয়ার
ইচ্ছা তোমার অধরাই থেকে যাবে।
ভাগ্যে যদি থাকে
অবর্ণনীয় নরকের দ্বার ধরা
চোখের সামনেই থাকবে।

লিখতে আমার কষ্ট হয়নি মোটে
মন থেকে ভয় পালিয়েছে সব ছুটে
গর্বে আমার চওড়া বুকের পাটা
বিজ্ঞানের এই অগ্রগতির ঘটা
দেখে যাওয়ার ভাগ পেয়েছি ভাগ্যে।
অখণ্ড অবসর
সঞ্জয় সম দৃষ্টি
কুরুক্ষেত্র ময়দান
সব আছে, সব কাছে।

ওরে বাজা সব দুন্দুভি
প্রাণ ভরিয়া শুনি
আগামীর রণ বাদ্য।
ওরে হাউই উড়াবি কত?
পটাশ বাজি শত?
বড় সড় কিছু মার
বেড়েছে অনেক মানব কূলের ঝাড়।
মৃত্যু নিয়ে নিষ্ফল সব ক্রন্দন।
অর্থহীন প্রমাণিত সব বন্ধন।
আপাদমস্তক সবাই এখন প্রাজ্ঞ।

শুরু কর তোরা শুরু কর
কল্কির হাতে বিনাশের বাকি
শেষ নরমেধ যজ্ঞ।

থোঁতা মুখ ভোঁতা

সারা দেশে দেখি মাত্র একখানি তোতা
আর যত আছে সব থোঁতা মুখ ভোঁতা।
আমি তার ফ্যান কিনা এ প্রশ্ন বেকার
যুগে যুগে চাই মোরা তোতা সমাহার।

দু'টি নাম-না-জানা পাখি

দু'টি নাম-না-জানা পাখি, কারেন্টের তারে বসে।
বিজ্ঞান না জেনেই বসে, ক্ষতি কিছু হয়না।
যতদূর বুঝি ওরা লাভ-ক্ষতি বুঝেনা।
দুজনেই বসে, আর উড়ে একসাথে আকাশে।

ভেবে অবাক হই, ওরা বাঁচে কিসের আশে?
উড়ে উড়ে বেঁচে থাকা, এর কি মানে হয়?
কোন কাম-কাজ রোজগার ছাড়া বেঁচে থাকা যায়?
ওদের খাবার-দাবার কোথা থেকে আসে?

দু'টি সরু কালো পাখি আমার পেটে কিছু
কু-মতলব আছে কি না পরোয়া করেনা।
দু'টি উদাসীন পাখি আমার হাতে কিছু
খতরনাক আছে কি না দেখতেও চায়না।
দু'টি অপদার্থ পাখি জানেনা কিছ-ছু
কালো বিচ্ছু, উড়ে যায় ফিরেও তাকায়না।

দূরত্ব

দূরত্ব কি আমার কথা শুনো–
সে যে মাথায় থাকে ভাই রে।
দেখতে পাবে নজির
হৃদয়ে যখন হাজির থাকে 'দূর'
'নিকট' থাকে দূরে।

দূরত্বের আছে অনেক রকম বেশ
কখনো অলীক, আপেক্ষিক, তাতে মিথ্যা রেশ।
চোখ বুজে তুমি ঠেলছ যারে দূরে
দেখবে কাছে ঐ, চোখ মেললে পরে।

দূরত্ব আর বয়স একটি ছাঁদে গড়া আছে।
বড় হচ্ছ যখন 'দূরত্ব' আসে কাছে
বড় হলে দূরত্ব ঐ দূরে গিয়ে বাঁচে।

ভালবাস যারে, কাছেই আছে জানো।
কাছে থাকে কেহ, তবু তারে দূরে বলেই মানো।
তুমি দেখতে পার না যারে, দেখ না নাকের ডগায়
ভালবাস যারে, দূরে থাকলেও রাখ হৃদয় কোণায়।

- এই কবিতাটি কবির ইংরেজীতে লেখা Distance কবিতার ভাবানুবাদ

দৃষ্টিভঙ্গি

সন্দেহ কি বন্ধ হয়েছে উড়া উড়ি।
শান্তির কপোতও যেন এদিক ওদিক উড়ি উড়ি করছে।
থেমে গেছে ঢিল আর পাটকেল।

নরক নেমে আসবে এমন কথার গমক
কি সুন্দর পাল্টে দেয় সম্ভাব্য বিনাশের সকল সম্ভাবনা।
দম আছে বটে মহোদয়ের কথায়
অন্তত হাজার মিশাইলের থেকে বেশী ক্ষমতা তো আছে ই বটে।

দখল নেব, সরিয়ে দেব কথা গুলি কানে টংকার হয়ে বাজে।
ক্ষমতা থাকলে শুধু এইসবই করতে হবে এমন হলে-
ক্ষমতা কবে কার জন্য চিরস্থায়ী বন্দোবস্ত হয়েছে
ভাবতে হয় বৈকি।

সুদূর অতীতের রোমান সাম্রাজ্য থেকে মোঙ্গল সাম্রাজ্য
গ্রীক বীর আলেকজেণ্ডার দ্য গ্রেট এর অপ্রতিহত বিজয়াভিযান
এবং হালের বৃটিশ সাম্রাজ্য ও বাকি অন্য সব অস্তমিত সূর্য
আজ শুধুই ইতিহাসের স্থায়ী আমানত।

যুগে যুগে শেষ কথা যুদ্ধ নয় শান্তি চাই
মাঝে পড়ে থাকে রক্তস্নাত কলিঙ্গের ময়দান
বিধ্বস্ত হিরোশিমা, নাগাসাকি, ভিয়েনাম, টুইন-টাওয়ার
আফগানিস্থান, সিরিয়া, প্যালেষ্টাইন, লেবানন, ইউক্রেন

আরো কত শত হাজার হাজার জানা-অজানা কুরুক্ষেত্র।

আমি মহোদয়ের বাণী হৃদয়ঙ্গম করার চেষ্টা করছি
যুদ্ধ থামানোর পদ্ধতিগত খুঁটিনাটি দূরে সরিয়ে
মহোদয়ের আন্তরিক প্রচেষ্টাকে নজরবন্দী করছি।

একশ বছর ধরে অসম একটি লড়াই করে
একটি মৃত্যুকূপে বসবাস করা বেঁচে থাকা নয়-
জীবন তো কদাপি নয়।
যেখানে হিংসা-প্রতিহিংসার আগুণ কখনো নিভে না
সেটা স্বর্গদ্বার হলেও কদাপি স্বর্গ নয়।

আজ উনি যখন বলছেন
"প্রচণ্ড শক্তিশালী আধুনিক সমরাস্ত্রের আঘাতে আঘাতে
লক্ষ লক্ষ মানুষ মরবে কেন? সৈন্য মরবে কেন?
প্রত্যেক টি সৈনিকেরও মা-বাবা, ভাই-বোন আছে" এই কথা
কম মানবিক সংলাপ হয় কি করে?

"আমি থাকলে যুদ্ধ হত না" শুধু কথার কথা নয় বুঝি
যখন যুদ্ধবাজ এক রাষ্ট্রনায়ক
যুদ্ধ থেমে যাবে ভেবেই বিমর্ষ হয়।
শুধু পরের অর্থ হরিলুটের জন্যই যুদ্ধ চাই কি না
মরছে যারা তাঁরাই বলুক, মন্দ কি?

ব্যবসা থাকুক, বিদ্বেষ ও ফুৎকারে উড়ে যাবে না
তবু বন্ধ হোক ২৪x৭ এর মানব মৃত্যু মিছিল।
এমন ভাবনার অবতারণা ও প্রস্তাবে

আমি রাজি শত ভাগ। হাজার বার।
আমি আমেরিকান হলে আগামীতে
আমার ভোটও আপনিই পেতেন মহোদয়।

দেশের দাম

দেশের দাম বাড়ছে রে ভাই
আসছে ফিরে লোক।
এসে গেছে সময় নিকট
সপরিবারে সুখ।

শেষ হল ঐ জীবন খোঁজা
বিদেশ বিভুঁই গিয়ে
আকাম-কুকাম আদাম-কুদাম
জীবন বিকিয়ে দিয়ে-

বাড়ি গাড়ির লিপ্সা বেকার
দিচ্ছি নাকে খত।
আর হবে না ছ্যাঁচড়াপনা
এমনই সবার মত।

দেশের মাটি, দেশের বাতাস
বুকভরা সুখ, মান।
দেশের স্নেহ, দেশের মায়ায়
জুড়িয়ে যায় প্রাণ।

দেশেই সুখ ছড়িয়ে আছে
পাড়ার মোড়ে মোড়ে।
মিটছে ক্ষিদে সাদা ভাতেও
চিঁড়ে এবং গুড়ে।

দেশই এবার বিদেশ হবে
দেশের জন্য খেঁটে।
সাধ মিটেছে বিদেশ ঘোরার
লাখ অপমান পেটে।

দেহ-মনের অমীমাংসিত বিবাদ

দুই ভাই ঠাঁই ঠাঁই দেহ ও মন।
একসাথে থাকা হয় ভালো থাকা নয়।
দেহ ভাল থাকলে হতচ্ছাড়া মন, নারাজ তখন।

সারাক্ষণ হায় হায় কি চায় কি চায়, মন বুঝা দায়।
দেহের গর্ব মাথা, মন ভাবে মাথা যত নষ্টের গোড়া
দেহের মুন্ড করে মনের উপর অন্যায়।

মনের অন্তরে লোভ মিঠাই সন্দেশে।
মন্ডা মিঠাই যত কিনে থরে থরে।
খেয়ে দেহের কষ্ট বাড়ে, মনেরে সে দোষে।

'বইতে পাইলে শুইতে চায়' দেহ নন্দ ঘোষ।
হাঁটাচলা কম করে ভোগে রোগে-শোকে।
রেগেমেগে মন বলে "সব তোর দোষ"।

দ্য সেলফিস জায়েন্ট

বাগান তোমার
নিয়ম তোমার
চলবে তোমার রাজ
এই বাগানে তুমিই থাক
মাথায় পড়ে তাজ।

বিশ্ব নেহাৎ নয় গো ছোট
রাস্তা না হয় শেষ।
খুঁজে নেব অন্য ভুবন
একাই থেকো বেশ।

আবার তুমি মহান হবে
এই বুঝিলে হায়
মহানতা ধূলায় লুটায়
দেমাক শোভা পায়।

এক্ষুণি এই কান মলি ভাই
ঘাট হয়েছে ঘাট।
যাচ্ছি চলে ফিরব না আর
থাকুক খালি মাঠ।

জবর খেলা খেললে তুমি
লাভ খুঁজিলে বাপ
বুঝলে না যে ফিরছে ঘরে
আশীর্বাদ না শাপ।

নতুন নামকরন

দাঁড়িপাল্লা মন নিয়ে কবিতা লেখা বৃথা।
প্রেমভালোবাসার ক্ষেত্রে সাক্সেস রেট শূন্য।
বেশী হলে আমার নাম কেটে দিও।
রেখে দিও নতুন নাম পাঠা কিংবা গাধা।
শুধু খেয়াল রেখো ওদের কোন আপত্তি না থাকে যেন।

পশুদের নামের চাহিদা বাজারে চড়চড় করে বাড়ছে।
কারণটা আমি জানি বলে বলছি
গোপন রেখো সংসারে পশুদের নামে একটিও দুর্বৃত্ত নেই
সব সাদা পাতা।

অন্যদিকে দেখো, ছোট থেকে ছোট কিংবা সমাজের মাথা
কে আছে এমন, যার নামে নাম সমান
এমন দুষ্টলোক নাই এ ভুবনে?

বেশি বলার কি দরকার মা বাবা কত আশা করে নাম রাখে।
যেমন কারোর থাকে ফুলের নামে
কারোর থাকে ফলের নামে নাম।
ভুরিভুরি ঠাকুর দেবতা এবং স্বয়ং ঈশ্বরের নামেও নাম থাকে।
ফলে অনাসৃষ্টি যা ঘটার তা ঘটে গেছে সবই।
অপকর্ম, কুকর্ম সব করে লোকজন
আর ঠাকুর দেবতা ঈশ্বর ধরা পরে।

পশুদের নামে এখনো কোন দোষ নাই।
মানুষ ঘেন্না করে পশুদের করিয়াছে অশেষ উপকার।
তাই এখন গর্ব করে বলা যায় আমার নাম পাঠা।
আমার নামে কোন দুষ্টলোক নাই।
কুকুর শৃগালেও আমি দোষ পাইনা মোটে।
তবে গাধা নামের চাহিদা অতি তুঙ্গে।
এমন নিরপরাধ নাম পশু সমাজেও আরেকটি নাই।
অত্যন্ত পরোপকারী নাম গাধা।

বলছিলাম না দাঁড়িপাল্লা মন নিয়ে কবিতা লেখা বৃথা? প্রেমভালোবাসার ক্ষেত্রে সাক্সেস রেট শূন্য? এখন বুঝলে তো কেন?

নতুন পৃথিবী

মহোদয়
আপনাকে অনেক অনেক ধন্যবাদ।
মন ঠিক যেমনটি চায়
তেমনই একটি পৃথিবী
কে না চায়?
শুধু মুখ ফোটে বলার এলেম
আগে কারো ছিল না।
আপনি বলে ফেলেছেন
করেও ফেলতে পারেন-
এমন সম্ভাবনায় না জানি কত
লক্ষ ঘুম নিমেষে উধাও।

আপনার প্রতি পদক্ষেপে
ছড়িয়ে পড়বে অনুপ্রেরণার শতকোটি হাউই
চাই, চাই, আমারও চাই, আমারও চাই।
চাওয়ার বৈধতা ঠিক করবে কব্জির জোর।
চেঙ্গিসী পরাক্রম
গিলে খাবে পণ্ডিতের পাণ্ডিত্য
জ্ঞানের ঐতিহাসিক ভাণ্ডার।

নতুন এই শক্তি সাধন পীঠে
কোন কিছু না চাওয়ার অপরাধে
বলি চড়বে যাবতীয় মানবিক নিস্পৃহতা।
বীরভোগ্যা বসুন্ধরার বরমাল্য

এই শক্তি-সাধনা লব্ধ অমৃত।
বিজিতের জন্যও থাকবে
কণা মাত্র পরাধীনতা বিষ।

প্রতিটি বাড়ির সীমানা
নতুন করে নির্ধারিত হবে
দখলদারের শৌর্য-বীর্যের নিরিখে।
বুঝতে হবে, আজ যা কিছু তোমার আছে বলে ভাবছ
সবকিছু হয় বিক্রি হবে বা দখল হবে ক্ষমতাবান ক্রেতার ইচ্ছায়।
ভবিষ্যতদ্রষ্টা ডারউইন সাহেব চমৎকার বলেছিলেন-
সারভাইবল অফ দ্য ফিটেষ্ট।

নন্দ ঘোষ নির্দোষ

নন্দ যখন ঘরে বসিয়া বিশ্রম্ভালাপ করিল,পাগল হইল
ঘরের বউটি তখন দুই বেলা রাঁধিয়া খাওয়াইয়া গেল
কিন্তু নন্দের কণা মাত্র দোষ দেখিতে পাইল না।
চোখের সামনে নন্দ প্রেমাবেশে মগ্ন রহিল-
চৈতন্য রহিত হইয়া বকবক করিল, গান ধরিল
তথাপি বউটি নন্দের কিঞ্চিৎ ত্রুটি খুঁজিয়া পাইল না।

নন্দের মনের ঘরে চোর ঢুকিল, সর্বস্ব লইয়া গেল
ঘরের বউটি রাত জাগিয়া নন্দের সেবা যত্ন করিল-
পেত্নীর বশীকরণ শক্তির মুন্ডপাতের কিছু বাকি রাখিল না
তবু নন্দের কু প্রবৃত্তি থাকার কথা বউটি অস্বীকার করিল।
কাঁদিয়া কাটিয়া ডাইনীরে গাইল দিল, অভিশাপ দিল
কিন্তু ভাল বউটি নন্দের চরিত্রে কোন দাগ দেখিল না।

নন্দ ঘোষের ভাগ্য বিড়ম্বনা

রাস্তা দিয়ে ব্যস্ত ভীষণ যাচ্ছিল সব বেশ
নন্দ ঘোষ গাড়ি হল বাড়ল সবার ক্লেশ।

অন্য পাড়ায় কম গাড়ি তাই নন্দ হল গর্ত
পড়ল সবাই হুমড়ি খেয়ে একটু হলে মর ত।

নন্দ হল ট্রাফিক পুলিশ করল জরিমানা
তেড়ে এল সবাই মিলে নন্দ তুমি কানা।

বিপদ বুঝে নন্দ হল পুলিশের ঐ লাঠি
ফোঁস করে সব বলল রেগে মারছ কেন, হাঁটি।

নন্দ হয়ে টাকাকড়ি লোকের জেবে থাকল
সবাই তারে কম দামি মাল বলে ভীষণ ডাঁট ল।

সোনা হয়ে নন্দ ভাবে হলাম কেমন গয়না
দাম শুনে সব ভেংচি দিল খুশি কেহ হয় না।

নন্দ খানিক বুঝে শুনে এসি মেশিন হল
ঠাণ্ডা হয়ে কেশে কেশে সবাই গালি দিল।

নন্দ আবার বুঝে শুনে বিজলী বাতি হয়
বিদ্যুতের ঐ চপলতায় নন্দ দোষী রয়।

নন্দ শেষে বাজারেতে ইলিশ হয়েই থাকল
ধনী লোকের বউটি তারে খুশি মনেই রাখল।

নষ্ট জীবন

ছিন্ন তাঁর বেশ-ভূষা মলিন মুখচ্ছবি
নির্লিপ্ত উদাসী চোখে দৃষ্টি অতি ক্ষীন।
দুয়ারে দাড়িয়ে যেন স্বর্গভ্রষ্ট কবি-
মুষ্ঠিভর ভিক্ষা যাঁচে অতিশয় দীন।

তিরস্কার করে কেউ, অন্য কিছু ভাবি-
অন্ন জলে তুষ্ঠ করে কেউ শুধে ঋণ।
যা পায় সে খায় যেন নিতান্ত অভাবি
মিটায়ে তৃষ্ণা-ক্ষিদা হয় সে বিলীন।

যারা জানে কহে তারা এই সুরলোকবাসী
মোহমায়ার জালে সে চৈতন্য রহিত।
ছলনা করিয়া তারে সে কোন সর্বনাশী
মারিয়াছে মনে প্রাণে কাড়িয়াছে গীত।

কেহ সরে আসে আর কেহবা সরল বিশ্বাসী
নীরবে কামনা করে তাহার মঙ্গল হিত।

নায়ক বদল

এবার ওরা লাল বেছেছে। নায়িকা নয়, নায়ক বেছেছে।
এবার ত্যাড়া বেঁকা নয় সোজা কথার লোক বেছেছে।
অমুক তমুকের বন্ধুকে বেছেছে।
মুলুকচেনা লোক বেছেছে।
অস্ত্র অনেক বিক্রি হয়েছে, এবার কিছু শান্তি বিক্রি হতে
পারে।

নায়ক বদলালে প্রত্যাশা বদলাবেনা, এমনটি হয় না।
লেনদেনের দুনিয়ায় খোলা হাওয়াও আমার অপছন্দ হয় না।

এবার গণিতের সব বই সামনে খোলা থাকবে।
দোস্তি কতদূর সাথ চলবে, কোথায় দুশমনির শুরু হবে
সব কিছু স্পষ্টাস্পষ্টি বোর্ডে লেখা থাকবে।

সামনের শীত কত শীতল হবে বা তপ্ত
গ্রীষ্মের হাওয়া জোরে বইবে না ধীরে
বর্ষা ঠিক সময়ে আসবে কি না, মতামত নিয়ে রাখবে।

কি হবে না হবে, অথবা কি কি হতে পারে
আমি একা নই, ঐ দেখ
যুদ্ধ থামিয়ে ওরাও ভাবছে।

ভাগ্যিস, সেরা বোমগুলি ওরা মহা ধুমধামে ফাটিয়ে দেয় নি।
ডি ডে ঘড়ির কাঁটা একটু পিছনে ঘুরলেও ঘুরতে পারে।
এখনো যারা মৃত নয়, অন্তত চিকিৎসার শেষ সুযোগটা পেতে
পারে।

নিমন্ত্রণ

আফনে আর অহন আমডারে চিনেন না।
দেইখ্খাত্অ দেহেন্না। চুপ্চাপ হাইট্টা জানগা।
আমডা কি দোষ কর্ছি কন না।

মারে কইছি আফনে রাস্তা দিয়া যাইতাছেন
ডাক দিমুদিমু কইরাও দিছিনা।
কোনো দিহে চান না। চিপাচাপা দিয়া হাড়েন।

মারে কইছি আফনের কিতা জানি হইছে।
কিচ্ছু দেহেন না, নাইলে কম দেহেন।
শইর্ট্যাত্অ দেকছি কতঅ খারাপ হইয়া গেছে।

আগে কতঅ সুন্দর আছলেন আর অহন?
থাগ্গাদ্অ, আর কথা বাড়াইয়া লাভ নাই।
ঠিক কইরা খখাইয়েন দাইয়েন। ঘুমাইয়েন।

মা কইছে আফনে এমোন হইয়া যাইবেন গা
আমডা জীবনঅ ভাবঝিনা। এই কথা কইয়া অই
মা কাইন্দা দিছে। টপটপ কইরা......জাগ গা।

মা কইছে আরেকবার আফনেরে পাইলে কইতাম
আইয়েন নাতো আইয়েন না, ফোনটোনত করতারেন?
আফনে আইলে এন্না আফনের ইহানঅ আমডা যাইতাম।

সব বাড়িত অই ইডা-হিডা লইয়া কত্ত-কিছু হয়, হয় না?
রাগারাগি-মারামারি পইয্যন্ত হয়, আমডার ত কিচ্ছুঅই হইছে না!
তবুঅ আফনেরা রাগ কইরা রইছেন। ঠিক না?

মা কইছে ইতা কইরেন না। কেডা আর কয়দিন বাঁচব?
কাইজ্জা ঝগড়া আইয়া মিট-মাট কইরা লাইয়েন
কতদিন আমডা বাড়িত থান না,থাইয়েন, মা রানব।

নিরপেক্ষতার ঝকমারি

নিরপেক্ষতা আগে খুব মর্যাদা পেত-
গর্ব করা যেত এবং নিরাপদও ছিল।
এখন আর আগের সুদিন নাই।
সে এখন বিগতযৌবনা নারী-
সংসারে থাকবে, ঘরে খাটবে
ঐ পর্যন্ত সব ঠিকঠাকই আছে।

এখন পক্ষভুক্তদের বাজার।
সাফ সাফ, হয় ইধার, নয় উধার।
জমানা ৫০:৫০ বাজি রেখেছে
ভাল মন্দ থাকাটাও ঐ বাজি-
হারা জেতার উপরই নির্ভর করছে।
এটুকু ঝুঁকি সবাই খুশি হয়ে নিচ্ছে।

ভরা ঘট সময় বুঝে পক্ষান্তরে যাচ্ছে।
আজকের দিনে যাওয়া আসা-
ধর্ম বলেই মেনে নেয়া হচ্ছে।
কুণ্ঠিত নিরপেক্ষতা থানে থানে
বিধর্মী সংখ্যালঘুর লাঞ্ছনা পাচ্ছে।
নিরপেক্ষতা ০:০ বাজি খেলছে।

নির্ভীক বিবসনা

একি হাঙ্গামা জুড়লে তুমি নির্ভীক বিবসনা?
যুদ্ধ চলছে, এখন সবাই ভারি ব্যস্ত।
কেন এই অবেলায় তুমি আত্মঘাতী খেলায় মেতেছ?

তুমি কি বিপক্ষের ছোঁড়ে মারা অন্তর্ঘাতী কোন গুপ্ত অস্ত্র-
নাকি ঐ কাস্পিয়ান সাগরের আরেকটি বেঁচে থাকা ঢেউ-
যে বারবার ডেকে কয়, আয় আমায় ফাঁসি কাঠে ঝুলা?

মুক্তবসনা কন্যা, তুমি মঙ্গলে মঙ্গলে ঘরে ফিরে এসো -
পাশেই তো আরব সাগরের মুক্ত জলধারা, হরমুজ পেরিয়ে
ওমান উপসাগর থেকে পারস্য উপসাগরে এসে মিশেছে।

ভারত মহাসাগরও খুব কাছেই, সময়েরও নাই কোন শেষ,
তবে-
তোমার অপেক্ষার অন্তিম প্রদীপটি কেন জ্বলবেনা মৃত্যুঞ্জয় হয়ে?
আগামীতে যে কোন দীপাবলী শুধু তোমারই যে হতে পারে।

■ কবিতাটির প্রেক্ষাপট: - ইরানে হিজাব বিধির প্রতিবাদে এক ইরানী নারীর নির্ভীক উন্মুক্ত বিচরণের সাম্প্রতিক সংবাদ।

নিয়তি

আগুন থাকবে আগুন হয়েই, জল থাকবে জল ই।
বিষয়টি তে জটিলতা নেই, নিতান্ত প্রাঞ্জল ই।

আমি চেয়েছিলাম বাঁচতে অনেক আকাশের তারা হয়ে।
তুমি চেয়েছিলে তারা হয়ে বেঁচে থাকতে মাটির ভুঁইয়ে।

ভিন্ন হয়ে বাঁচা বিধিলিপি, দিনলিপি ছিল ভিন্ন।
আমি সমুদ্র চাইলে তোমার চাওয়া ছিল অরণ্য।

দেখা না হয়েও চলছিল বেশ যাচ্ছিল কেটে দিন।
দুর্বিপাকে দেখাদেখি হয়ে আজ সম্পর্ক হীন।

খেলাঘর এক সেজে উঠেছিল গান সুর কলতানে।
দুজনেই চোখ সেঁকিয়া আগুনে গেলাম অন্য খানে।

নেড়া

সদ্য সদ্য বৈতরণীর ঘাট থেকে ফেরা-মরা নেড়া
নিজের জীবনকে আর নিজের জীবন বলেই দাবি করে না।
পুনরুজ্জীবিত করার কত না ঝঞ্ঝাট, কান্নাকাটি, হাহাকার।
ফিরে আসায় শূন্যে নেমে যাওয়া নেড়ার বাজার দরও
খানিকটা বেড়েছে।

তবে, নেড়ার প্রথম এবং ষষ্ঠ ইন্দ্রিয় বলছে
এক দুটো রিপু নেড়াকে আবার উসকানি দিচ্ছে।
চিনি না জানি না কেউ আবার নেড়াকে সিগনাল পাঠাচ্ছে।
ভাঙ্গচুরের ভয় দেখাচ্ছে, রক্তাক্ত হওয়ার কথাও বলছে।

উত্তর দেয়াতে নেড়ার মতি নাই। বে ঘর হওয়ারও নেড়ার
ইচ্ছা নাই।
বড় কথা, গৃহ-সন্ন্যাসেও নেড়ার কোন অতৃপ্তি নাই।
নেড়া দ্বিতীয় ইন্দ্রিয়ের সর্বশেষ আতঙ্ক থেকে সবে মাত্র উদ্ধার
পেয়েছে।
ডোনাল্ড ট্রাম্পের তুলনায় কানাকড়ির সিক্যুরিটিও নেড়ার
নাই।

নেড়া জেনে গেছে এখন বেলতলার সংখ্যাও অনেক বেড়ে
গেছে।
রসিক জন মাত্রই ভুরিভুরি বেলতলার খোঁজ রাখছে।
তবে বাজারে নেড়ার অভাব বেড়েছে।
সব নেড়া মাথায় "গৃহপালিত" হেলমেট লাগিয়ে ঘুরছে।

নেড়ার মন চঞ্চল হবে তবে নেড়া তা স্বীকার করবে না।
যে গেল তার জন্য নেড়া মনে মনে কাঁদবে কিন্তু ধরা দেবে না।
কে একজন মলম নিয়ে আসি আসি করেও লুকিয়ে থাকল তাকে নিয়েও নেড়া গদ্য লিখবে।
একবার মরে গিয়ে নেড়ার আত্মোপলব্ধি হয়েছে যে সে নেড়া।

পরিবর্তন

জলে-ডোবা হাতে লাগা ব্যাঙাচির মেলা
ছোট বেলা ছিল এক অতি প্রিয় খেলা।

দলে দলে ছোট ব্যাঙ লাফালাফি ফাল
সাবধানে পার হয়ে করা গালাগাল।

পায়ে চাপা পড়ে যদি কোন ব্যাঙ মরে
অপরাধ হবে বড় জানিত অন্তরে।

নাই কোন খাল বিল নাই কোন ব্যাঙ
গাড়ি চাপা পড়ে শুধু মানুষের ঠ্যাঙ।

পরিবর্তে যদি

পরিবর্তে যদি, তুমি বলতে, কত অধৈর্য হয়ে আমার জন্য অপেক্ষা করছিলে।
পরিবর্তে যদি, আমি খুব শান্ত ভাবে বলতে পারতাম, মোটেও অপেক্ষা করছিলাম না।

পরিবর্তে যদি, তুমি বলতে, কত আন্তরিক ভাবে আমার কথা ভাবছিলে।
পরিবর্তে যদি, আমি খুব চটপট বলতে পারতাম, তোমার কথা একদম ভাবছিলাম না।

পরিবর্তে যদি, তুমি বলতে, কত অকপট ভাবে আমার খেয়াল রাখছিলে।
পরিবর্তে যদি, আমি খুব শক্ত ভাবে বলতে পারতাম, তোমার খেয়াল রাখিনি তো!

পরিবর্তে যদি, তুমি বলতে, কত ব্যগ্র হয়ে আমায় কামনা করছিলে।
পরিবর্তে যদি, আমি একদম পাত্তা না দিয়ে বলতে পারতাম, মোটেও কামনা করিনি।

পরিবর্তে যদি, তুমি বলতে, আমার ছাড়া কত না একাকিত্ব বোধ করছিলে।
পরিবর্তে যদি, আমি নির্বিকার ভাবে বলতে পারতাম, একদম একাকী মনে হয়নি।

পরিবর্তে যদি, তুমি বলতে, প্রতি মুহূর্ত আমার জন্য মরে যাচ্ছিলে।
পরিবর্তে যদি, আমি খুব সৎ ভাবে বলতে পারতাম, একদমই মরে যাচ্ছিলাম না।

পরিবর্তে যদি, তুমি বলতে, আমার অনুপস্থিতিতে আমার কথাই ভাবছিলে।
পরিবর্তে যদি, আমি জোর দিয়ে বলতে পারতাম,তোমার কথা ভাবিনি তো।

পরিবর্তে যদি, তুমি বলতে, কত গভীর ভাবে আমায় ভালবাসতে।
পরিবর্তে যদি, আমি ধন্যবাদ জানিয়ে বলতে পারতাম, তোমাকে মোটেও ভালবাসিনি।

- এই কবিতাটি কবির ইংরেজীতে লেখা If instead কবিতার ভাবানুবাদ।

পলাতক আশিক

কভিড-কালের মন-মন
ভিটামিন সি
পরে দুই তিন বার
ভেক্সিনের সুঁই
জান-রক্ষা করলেও মান-রক্ষার
হল কি হল না দশা হল
যখন অনলাইন ভুতুড়ে প্রেম
কাঁধে চেপে বসল।

যখন যখন-তখন
মরে গেলাম রে
মরে গেলাম রে ভাব-
ভাব সম্মুখে যদি থাকে প্রেমের স্বর্গোদ্বান
কত না মোহময় হয় তার টান।

একবার মরে গেলে
সব বয়সই এক্কেবারে সমান।
আত্মার না আছে যৌবন না বার্ধক্য।
দেখা যখন পেয়েই গেল
পরাণের পরাণ
কোন্ বাধা তুচ্ছ করা যায় না
সে কথা কে ভাবে আর?

এখন যাকে তোমরা ডোপা বলে জান

আমাদের কাছে তাই তখন রসের হাঁড়ি
ভাবে আর ভালবাসায় টইটম্বুর।

আগে দেখা হয়নি বলে
ক্ষতি যা হওয়ার হয়ে গেছে।
এখন অসীম করোনা কৃপায়
দিনরাত এক করে
আসঙ্গ কুসঙ্গ করে
অমৃত ভাবাবেগে পুষিয়ে নেয়াই যায়।

আহা কি দিন, কি রাত
চেতনা চৈতন্যের সে কি
দফারফা ভাব
এখন ভাবলেও গায়ে কাঁটা দেয়।

মগজের অখণ্ড অবসরে
মনের একাধিপত্য-রাজ
ডোনাল্ড ট্রাম্পও তখন
এক বিস্মৃত অধ্যায়।

যুদ্ধ কি চীজ
তখন কে আর বসে ভাবে?
সব দোয়ারে যম
শুধু অনলাইনে সুখ
সুখ সুখ সুখ।

করোনার এহেন আশীর্বাদ
গেল কি গেল না
চারিদিকে ড্রিম ড্রিম রণ হুংকার।
মগজের ঘুম ভাঙ্গায় হিসাবের খাতা।

কাজে ফিরে গেলে
কে আর সময় নিয়ে
আবেগের হিসাব চুকায়?
ধুমধাম বন্ধ হয় জানালা-কপাট।
ভুতের কি সাধ্য আর
মন কে জ্বালায়।

পাখপাখালি

হলুদ সবুজ সাদা লাল নীল পাখি
নিমেষে উড়িছে কত বসিছে নিমেষে।
বিচিত্র রঙের খেলা নানা রঙ মিশে।
যায় পাখি আসে পাখি রঙে মাখামাখি।

ধরি এক পাখি তারে চেপে ধরে রাখি।
ছটফট করে পাখি যেতে চায় কি সে?
আদরে ভরাই তারে জড়িয়ে আশ্লেষে।
ছেড়ে দিলে উড়ে পাখি প্রাণভরে দেখি।

উড়া পাখি ফিরে আসে বসা পাখি উড়ে।
কোনো পাখি যায় উড়ে অসীমেতে ধায়।
এক পাখি আসে বসে খালি জায়গা জুড়ে।
অন্য পাখি তাড়া করে নিমেষে ভাগায়।
এক পাখি খেয়েদেয়ে ঘুম দেয় জোরে।
অন্য পাখি খুঁটে খুঁটে পেটভরে খায়।

পাতলা করা

প্রায়শঃ আমি অনুভব করি
আমার অস্তিত্ব খুব দ্রুত পাতলা হয়ে যাচ্ছে।
যেন আমার পাতলা হওয়া খুবই আবশ্যক, নইলে
পৃথিবীতে ভারসাম্যের শীঘ্রই
কোন অস্তিত্ব থাকবেনা।

কিন্তু আমি পাতলা হওয়া অপছন্দ করি।
নিজের জন্য মোটা পরিচিতির প্রলেপ
আমার খুউব পছন্দ।

আমার ইচ্ছাকে একটুও পাত্তা না দিয়ে
আমার পুনর্নবীকৃত অস্তিত্বের জানান দেয়া-
চিরকুটে লেখা নতুন নতুন সর্বনামের কাছে
রোজ আমার নাম আত্মসমর্পণ করে।

আমি দাঁড়িয়ে থাকি
আমার নাম-লেখা সবগুলি সমাধিলিপির পাশে
বিবর্ণ
বিস্মৃত
উন্মুলিত।

- এই কবিতাটি কবির ইংরেজীতে লেখা Thinning কবিতার ভাবানুবাদ।

পাহারাদার

চোখ মটকে গিন্নি আমার
দিচ্ছে এমন দ্বার
পালাই পালাই মন আসামী
করছে মুখ ভার।

পেটপেটি

প্যাটপ্যাট করিয়া সারাটা জীবন
পেটের সামূহিক কীর্তিকলাপ দেখিয়া দেখিয়া
চোখে চোখে কত ছানি পড়িল
কথায় কথায় কত ছানি কাটা হইল
তবু দর্শন শেষ হইল না।

ব্রহ্মাণ্ডে শুধু নিজের পেট বাদ দিয়া
বাকি সব পেট সেরা দ্রষ্টব্যই তো বটে।
তবে শুধু সমুদায় খালি পেট দেখিয়া
বরাদ্দ সময় ব্যয় করিলে
একমাত্র খাই খাই ছাড়া নতুন কিছুই শেখা হয়না।

অবোধ বালকেরা অন্যের খালি পেট দেখিয়া-
দুঃখে কাতর হইয়া ওগুলি ভরার জন্য
জিন্দাবাদ জিন্দাবাদ বলিয়া অনেক চেঁচাইল
শেষমেষ অতিশয় নিরাশ হইয়া
এই সামান্য শিক্ষা লইয়া ঘরে ফিরিল যে
নিজের পেট ভরা অনেক সহজ কম্ম হইত বটে।
দল-ত্যাগীরা হাতে কলমে সব শিখাইয়া দিয়াছে।

ওদিকে সুবোধ বালকেরা ঐটুকুন বিদ্যা ঘরে বসিয়া
বাপ দাদা প্রতিবেশীদের শুধু দেখিয়া দেখিয়া
বিনা শ্রমে শিখিয়া লইয়াছে-
পণ্ডশ্রম আর কাহাকে বলে।

পেট মাহাত্ম মুখের বিষয় কম, চোখের বেশী
কহতব্য নয়, আপাদমস্তক দ্রষ্টব্য।
তবে খাই খাই মনের বিষয়
মিটিয়া গেলে সমুদায় প্রাপ্তিযোগ পেটে ঢুকে।

খাই খাই কি জিনিষ
ছল চাতুরী করিয়া আদায় বিদ্যায় পারদর্শী
প্রেমিকার প্রেমিক
ভারি ভারি আব্দার করা
পত্নীর পতি
নাছোড় বান্দা সব
শিশুর পিতা
হামেশাই টের পাইয়াছে।

দাবিদার প্রয়োজনে পিঠকে সওয়াইয়া
পেটকে খাওয়াইয়া লইয়াছে।
কোন সাধনাই ছোট নহে।
অসাধ্যকে সাধ্যে আর অ প্রাপ্তিকে প্রাপ্তি
এই পরিবর্তন কর্ম সম্পাদন বিনা
অমন প্রেমিক, পতি আর পিতার
আর কিই বা করার থাকে?

সাধ আর সাধ্যের যোগফলই পেট।
পরস্পর পরস্পরের পরিপূরকও বটে।
পেটের আকার একবার বাড়িয়া গেলে
ধ্রুবক হইয়া যায়, কমানো শক্ত হয়-

পরিপূরণের খেলা চলিতেই থাকে।

আমার পেটপেটি এইবার বন্ধ হওয়া দরকার যাই, আরো কিছু পেটের খবর লইয়া আসি।

প্রজাতি

নিপীড়িত, বঞ্চিত, লুণ্ঠিত, কুণ্ঠিত এবং এই সভায় সমাগত
স্বভাব-প্রেমিক ভদ্র মহোদয়, মহোদয়াগন।
আমরা আমাদের আবেগপ্রবণ, স্নেহপ্রবণ, কল্পনাপ্রবণ
এবং প্রেমাসক্ত মন নিয়ে সদা বিড়ম্বিত।

যখন বিশেষ কেউ আমাদের মনের খবর রাখতেও চায় না
আমরা তাঁর জন্য সারাজীবন হাপিত্যেশ করি।
একদিন না একদিন সে ঠিক ফিরে তাকাবে, এমনই মনে
করি।
তবে শেষমেষ এমন মনে করা সঠিক প্রমাণিত হয় না।

ততদিনে নদীর জল বলুন চাই পানি বলুন, অনেক গড়িয়ে
যায়।
আমরা অন্তহীন দিবাস্বপ্ন দেখতে থাকি।
আমরা মনে-মনে সোনার হরিণ ধরতে থাকি।
এই করে করে আমাদের দ্বিধাগ্রস্ত জীবন-যৌবন ব্যর্থ হয়ে
যায়।

তবে আমরা সব খুইয়ে ফেললেও কোন আক্ষেপ করি না।
জীবনে সব কিছু হারানোর বেদনা ই আমাদের শ্রেষ্ঠ সঞ্চয়।
চুপচাপ মানুষের অবজ্ঞা উপেক্ষা করা আমাদের শ্রেষ্ঠ
অভিনয়।
আমরা সারাজীবন ভুল করলেও কোনদিন তা স্বীকার করি
না।

প্রত্যেকে বনাম আমার টাকা

বীমা কোম্পানির দালাল, পুঁজি বাজারের জ্ঞানবান বুদ্ধা
আমার ভবিষ্যত সহ পৃথিবীর সব কিছুর বিক্রেতা
প্রত্যেকে আমার টাকার পিছনে ঘুরছে।

প্রত্যেকে মানে প্রত্যেকে।
আমার টাকা মানে আমার টাকা।
ভুল করার কোন সুযোগ থাকে না যেন।

আমি প্রত্যেকের জন্য খুব উদ্বিগ্ন।
আমি আমার টাকার জন্য খুব উদ্বিগ্ন।
প্রত্যেকে আমার জন্য খুব উদ্বিগ্ন।

তাদের কাছে আমার টাকার জন্য খুব আকর্ষণীয় সব
পরিকল্পনা আছে।
তারা আমার ভবিষ্যতের ভালমন্দ নিয়ে খুব চিন্তিত।
আমি ব্যতীত প্রত্যেকেই ভবিষ্যত দেখেছে।

আমি শুধু তাদের বর্তমানটা দেখতে পারি।
আমি শুধু দেখতে পাই ওরা কত বিমর্ষ হয়
যখন আমি ওদের কথা মত আমার টাকা জমা রাখতে ব্যর্থ
হই।

- এই কবিতাটি কবির ইংরেজীতে লেখা Everybody vs My Money কবিতার ভাবানুবাদ।

প্রার্থনা

আনমনে কোন ক্ষনে শয়নে স্বপনে
জেগেছিল তৃষা প্রাণে কভু অচেতনে।

মনস্তাপে কাটে মোর অতি দীর্ঘ রাত
ক্ষমা করো ভিখ মাগি করে জোড়হাত।

কামনা বাসনা যত জেগেছিল মনে
সমূলে উৎপাটিয়া তারে অভাজনে-

কৃপা করো প্রভু মোর তুমি অন্তর্যামি।
দয়া করে এ বিপদে রক্ষা করো স্বামী।

তুমি না রাখিলে কেবা রাখিবে খেয়াল?
বিপদভঞ্জন তুমি শ্রীকৃষ্ণ গোপাল।

কুরু যুদ্ধে ধর্ম রক্ষা করেছিলে তুমি
আজ আমার আক্রান্ত পূণ্য-মনোভুমি।

রক্ষা করো মারাক্রান্ত চিত্ত ভবতোষ
বিমোচন করো মোর এ বৈকল্য দোষ।

প্রেম মাটি ও খাঁটি দুঃখ

কেন হলো
তোমার জন্য আমি
আর আমার জন্য তুমি
এই খেলা?
কার মনে কটা সুই গাঁথল?
কার যন্ত্রণা কারে দিল সুখ?
এ খেলায় শুধু শুধু বিড়ম্বনা
গায়ে লেপটে থাকে
কাদা মাটির প্রলেপ।
কপালের তিলক হয়না
এই মাটি।
মুফতে পাওয়া দুঃখটা
শুধু খাঁটি।

প্রেমের গোপন তথ্য

আমরা শুধু প্রাক্তন শিক্ষক শিক্ষিকা
প্রাক্তন ছাত্র ছাত্রী বুঝতাম।
যুগ এখন টগবগ টগবগ এগোচ্ছে।
প্রাক্তন স্ত্রী, প্রাক্তন স্বামী অলিগলিতেও মিলছে।
প্রাক্তন প্রেমিক, প্রাক্তন প্রেমিকাও শুনছি
কানে যদিও শুনতে এখনো কর্কশই লাগে।

জানি, ভবিষ্যত যে দিকে এগোচ্ছে
একদিন সদবির নীলামেও উঠবে-
যাপিত সময়ের ছবি, ছায়াছবি, স্টীল অথবা রীল।
কোনো কিছুই ফেলনা থাকবে না।
স্মৃতির প্রমাণপত্রগুলি হঠাৎ একদিন
আকাশ ছোঁয়া দামে বাজারে বিকাবে।
তাই বুদ্ধিমান বুদ্ধিমতি কেউ
প্রেমের নদীতে উঠা প্রত্যেকটি ঢেউ
প্রেমের টাটকা গরম ইভেন্ট, ক্লাউডে রাখছে।

এক থেকে দশ টেরাবাইট মেঘ ভাড়া করছে
যার যেমন সঞ্চয়, যেমন ক্ষমতা, সব স্মৃতিপট
মাসিক ভাড়ায় মেঘে মেঘে তুলে রাখছে-
সময় সুযোগ মত উপযুক্ত ক্রেতা পেলেই বেচবে।
প্রাক্তন, প্রাক্তনীর সেলফি হবে সোনার খনি
সাইবার চোর ডাকাতও হন্যে হয়েই খুঁজবে।

ভুল সংসারে আটকে যাওয়া লক্ষ স্বামী স্ত্রী
অলক্ষে বিচ্ছেদ তো চাইবে ই চাইবে।
তথ্য ব্যাপারিরা জানে, মামলা গরম হলে
জজ, উকিলও পোক্তা ডকুমেন্টস চাইবে-
তবে না খোরপোশের আপোষ মীমাংসা হবে।
অভিযোগ প্রমাণিত হলে আবার নতুন জুটি
দায়-হীন বিচ্ছেদ পেয়ে খুশী হয়ে হাত ধরবে।

ফর্দ

প্রেমিকারা সাথে ফর্দ নিয়েই আসছে-
প্রেমিকও সেটা ভাবছে না কিছু দোষের
এমন সোজাসুজি বলে কয়ে নেয়া ভালই
দোষ ধরা নাই, প্রয়োজন নাই ছলনার।

আধুনিক এই প্রেমিক-প্রেমিকা জানে
কথার কথা অমন সবাই কয়-
তোমারে আমি কত ভালবাসি
এমন করে কি ভালবাসাবাসি হয়?

প্রেম-ভালবাসা লিখা থাকে সব ফর্দে-
তোমার জন্য মরিতে পারি এমন
ঢঙের কথা লিখা হয় শুধু পদ্যে।
ফর্দ ধরিয়া গদ্য জীবনই আপন।

ঠেলিয়া জীবন দেহ মন আজ ক্লান্ত-
সুখ-কম প্রেমে স্বস্তি খোঁজা খানিক।
ফর্দেই লিখা ভালবাসার কাহন-
প্রেমের হাটের বণিক যুগল প্রেমিক।

ফিনিক্স পাখি

আজ একটি ফিনিক্স পাখি দেখিয়া
মনে বড় সাধ জাগিয়া উঠিল-
আমিও ফিনিক্স পাখি হইব।
শুনিয়াছি ঐ পাখিদের-
কখনো মরণ হয় না-
মনের জ্বালা কখনো জুড়াইয়া যায় না
বুকের আগুন কখনো নিভিয়া যায় না
এমন পাখির জন্য
এমন পাখিই হইব।
দরখাস্ত জমা করিয়া দিলাম
পর জনমেই দেখা হইবে প্রিয়।

ফোঁস

শুনি অশোক বনে ফুলের কড়াকড়ি
মুখের বাণী ছড়িয়ে আগুন দিচ্ছে।
জলের ট্যাংকি আসবে একটু পরে
কে কাহারে বলবে কিনে নিচ্ছে।

ঝঙ্কু ঝলকে ঝঙ্কার উঠে বেজে
ইজ্জতের ঐ ঘণ্টা নিলাম বাজে।
মুখ মানুষের মুখোশ পড়া সাজে
রঙ বিলাপের ঢং বুঝি আজ লাজে।

এই অপ রূপ দেখিসনি তুই আগে
গলায় সুর আর এমন শুনলি কই।
রণভূমি সাজিয়ে নিখুঁত ত্যাগে
রণদামামা বাজিয়ে আসে ঐ।

নিন্দামন্দের পালা গানের শেষে
ফোঁসফোঁসানি শুনতে পাবি আরো।
একটা গেলে সহস্রটা আছে, থাকে-
দোষ কাটিয়ে পাশ কাটানোর ঝাড়ু।

বলার দরকার নাই

আমার কান আছে, আমি শুনতে পাই, তুমি কি করছ।
আমার চোখ আছে, আমি দেখতে পাই, তুমি কি ফিসফিস করছ।
আমার নাক আছে, আমি গন্ধ পাই, তুমি কি লুকাচ্ছ।
আমার জিহ্বা আছে, আমি স্বাদ পাই, তুমি কি নিবেদন করছ।
আমার ত্বক আছে, আমি অনুভব করতে পারি, তুমি কি ভান করছ।
আমার একটা মগজও আছে, সে আমায় বলে দেয়, কী, কি নয়।
আমার একটা হৃদয়ও আছে, সে নিজের মতই ভালোবাসে, ঘৃণা করে।

ব্যাখ্যা করার কি দরকার , তুমি কে, তুমি কেমন, যদি তুমি হও তেমন?
আমার দিকে তাকাও, আমি ব্যাখ্যা করি না, তবু তুমি জান, আমি কে, আমি কেমন।

- এই কবিতাটি কবির ইংরেজীতে লেখা Need Not say কবিতার ভাবানুবাদ।

বসন্তের ঠিক সময়

বসন্তের সময় ঠিক থাকছেনা
গ্লোবালওয়ার্মিং- আস্ত মোষ
স্বীকার করে নেয় সব দোষ!
নাকি ডাস্টবিন? ডাষ্ট কই? যত্তো আবর্জনা।
মানুষ খায় যত ফেলে তার বেশী?
আমরা সব ধনী হয়ে গেছি?
দূর নেই বেশি অচেনা সাম্যবাদ?

ছিঃ। বলছিলাম কি, আজেবাজে চিন্তার ভীড়।
বসন্ত আজকাল ঘুরেফিরে আসে।
বসন্ত আজকাল ঘরে ঘরে ফেরি করে
অকাল বসন্ত ট্রীট।
বুড়োরা কবিতা লিখে, গান গায়, ছটপট করে
জলজ্যান্ত কৈ।
নতুনের আবাহনে ছুটে যায় পকেটে পাসবই।

গ্লোবালওয়ার্মিং বলেছিল কারা, আসছে, ভীষণ ঝড়
হৃদয়ের ওয়ার্মিং প্রাথমিক ধাপ, তন মন ধন সত্বর।
ইউপিআই স্ক্যানকোড আছে।
গ্লোবালওয়ার্মিং বলেছিল সই , এসে গেছে ঐ
কলপের দোকানেতে এন্তার ভিড়।
রঙে রঙে ছয়লাপ, ড্রোন দিয়ে দেখো
মনেতে রঙ মেখে দুনিয়া রঙিন।

বসন্ত ছেড়েছে কবে অপেক্ষার গাড়ি
কোকিলের রিংটোনে আসে পড়ি মরি।

বাঁচা

তুমি কি গাছে চড়তে পার?
সাঁতার কাটতে জান?
জানোয়ার মারতে পার?
চাষাবাদের কিছু বুঝ?
কাপড় বুনতে জান?
মাছ ধরতে পার?
নৌকা বানাতে পার?
পাল উড়াতে জান?
কাঠ কাটতে জান?
বাঁশ কাঠ ছন মাটি দিয়ে ঘর বানাতে পার?
সন্তান জন্মে সহায়তা করতে পার?
গাছ গাছড়া দিয়ে চিকিৎসা করতে পার?

হায়, মনে হয় তুমি এসব কিছুই জান না।
তোমাদের পাঠশালায় এগুলির কিছুই শিখানো হয় নি!

পাথর ঠুকে আগুন জ্বালাতে পারবে তো?
কাঁচা মাংস পুড়িয়ে খেতে পারবে তো?
রোজ ৫০-৬০ মাইল হাঁটতে পারবে তো?
ক্ষিদে পেটে খাবারের পিছে ঐ টুকু পথ ছুটতে পারবে তো?
জলে কুমীর ডাঙ্গায় বাঘ হলে লড়তে পারবে তো?
চন্দ্র সূর্য গ্রহ তারা দেখে সময় বুঝতে পারবে তো?
দিক চিনতে পারবে তো?
ঘরে ফিরতে পারবে তো?

জানতে চাইছ এই সবের কি প্রয়োজন ? বেশ।

পৃথিবীর শ্রেষ্ঠ বোমা এক সাথে সব ফাটিয়ে দিলে মানুষ
এক দিনের বেশী কি আর লাগবে-
প্রয়োজন ফিরে আসবে।
আদম আবার আদিম যুগে বাঁচা শিখেই বাঁচবে।

বিক্রিত তোতা

ঐ দেখো এক তোতাপাখি আবোলতাবোল বকছে।
সব কিছুকেই পাখি কেমন সমান সমান দেখছে।
বলছে কিছু দিলাম মানে তোমায় কিনে নিলাম!

এও জানেনা পাখি ওসব দেওয়ার মালিক কে।
এও জানে না সিংহাসনের রাজা বানায় কে-
কার ধনে মানী রে মান সেদিন দিয়েছিলাম!

ব্যস্ত পাখির বড়ই আপদ এখন, না না, না না, না না
বিপদ এটা নয়, থাকে কোথায়, আছে পাখির জানা।
মালিক যখন পাল্টে যাবে, বলবে পাখি, বড়ই চাপে ছিলাম।

ত্রস্ত পাখির এটাই একটা দোষ, না না, তেমন কিছু নয়-
থাকে না যে হুঁশ, কাঞ্চন লোভে পাখি যখন অন্ধ হয়ে রয়।
সুস্থ হলে বলবে পাখি, ভয়টা আমি ভীষণ পেয়েছিলাম।

বিজয়

আমি মনে রেখেছি ঐ ছেলেটিকে
সদ্য নয়ে পা দিয়ে যে
বিজয়ের প্রথম বর্ষপূর্তিতে-

চোখে জল আর হাতে ফুল নিয়ে
দাঁড়িয়েছিল
শহীদ মিনারের পাদ দেশে।

ছেলেটি আজও
স্বাধীন হয়নি
হায়!

বিদায়ের আগাম অভিনন্দন

আমি বড়ই দুঃখিত কবি
আমার কাছে আপনার কোন অভিনন্দন পাওনা হয়নি।

কারো হাত পা ভাঙ্গলে
কারো কিছু খোয়া গেলে
কারো ঘর ভেঙ্গে গেলে
কারো প্রেম ফেটে গেলে
কারো সময় নষ্ট হলে
কারো স্বজন বিয়োগ হলে
কারো পরীক্ষার ফল খারাপ হলে
কারো আশার গুড়ে বালি হলে
যে কারো ইত্যাদি ইত্যাদি ইত্যাদি হলে
আমি তাকে অভিনন্দন জানাবার কোন কারণ খুঁজে পাই না।

কেউ নতুন কবি হয়েছে শুনলে
কবিদের দল ভারী হয়েছে জানলে
আমার মনে খুশির বাতাস বয় না।

আরেক জনের কপাল পুড়েছে
আরেকজন কান্নাকাটি জুড়েছে
আরেকজন প্রেম প্রেম বলে ছুটছে
আরেকজন বিরহ বিরহ বলে চিৎকার করছে
আরেকজন কবিতা লিখতে শুরু করেছে
এগুলি সবই আমার কাছে সমার্থক বলে মনে হয়।

তবে কোনোটাই আমার কাছে সুসংবাদ মনে হয় না।

আমি এদের কাউকে অভিনন্দন জানাই না-
পারলে আমি এদের গতিবধির দিকে তীক্ষ্ণ দৃষ্টি রাখি।

আমার সাধ হয় ওদের ফিরিয়ে দিয়ে বলি
অন্য আর যে কোন কাজ খুঁজে নে-
ধর্ণায় বস, উপবাস কর, শেষ হলে কাজে ফিরে যা
তবু কবিতা লিখিস না, কবি হস না, ছাড়ান দে।

ওদের কয়েকজন ভারি বুদ্ধিমান হয়-
ওরা আমার মনের কথা বুঝতে পারে।
আমার পাকা চুল ওদের চোখ খুলে দেয়
ওরা নিখোঁজ হয়, আমি নিশ্চিন্ত হই।

পরে অন্য কোনদিন অন্য কোনখানে দেখা হলে
আমি মনে মনে ওদের অভিনন্দন জানাই-
জীবন যুদ্ধে সফল হওয়ার অভিনন্দন।

ওরা আমায় ঠিক চিনতে পারে বলেই মনে হয়-
কোন কথা হয়না, ওরা মুচকি হেসে চলে যায়।
আমিও একটি ধন্যবাদ পেয়ে নিজের কাজে যাই।

বিরল মৃত্তিকা

শুনো ভাই
তোমার কাছে আছে কিন্তু
আমার কাছে নাই
এমনই কিছু বিরল মাটি
চাই যে আমার চাই।

সব বুঝো আর ব্যবসা বুঝো না, হায়!
চির কাল তো এমনতর চলবে না অন্যায়!

তেল, গ্যাস, আর গোলা-বারুদ
নাওনা কত নিবে।
বিনিময়ে আমায় খনির
ইজারা টা তো দিবে?

যুদ্ধে তোমার জিত হবে কি
হার হবে কে জানে-
শুধু শুধু ঢালব টাকা
কি আছে তার মানে?

যুদ্ধ-টুদ্ধ বুঝত যারা
তারা এখন গত।
আমি বুঝি সির্ফ মুনাফা
লাভ ই আমার ব্রত।

তোমারও ভাই বুঝতে হবে
আমার স্বার্থ কি।

আমার দেশের স্বার্থ বিরল-
মাটি ই আমার ফী।

সই সাবুদ সব করেই নিব
স্বচ্ছ হবে ডিল।
তবেই না ভাই তোমার আমার
মনের হবে মিল।

তা না করে শুরু থেকেই
নিচ্ছ শুধু নিচ্ছ!
ভাব একবার সঠিক মূল্য
তুমিই বা কি দিচ্ছ?

নেয়ার বেলায় অগ্রগামী
দেয়ার বেলায় নাই।
শুরু থেকেই করছ এমন
পিরীত টেকাই দায়।

তার চে ভাল যাই গে আমি
অন্য রাজার কাছে।
তোমার সংগ ছাড়লে আমার
তুঙ্গে ডিমাণ্ড আছে।

বিরাগ

ছাপা কথা মেপে মেপে
যে পারে বলিতে
বলি তারে একবার
সাথে মোর চলিতে।

নিয়ে যাই উত্তরে
পূব হয়ে পশ্চিম
দেখে শুনে বলে যেন
করে মাথা ঝিম ঝিম।

উত্তরে গিয়ে বলি
জ্ঞান অতি সূক্ষ্ম
চেয়ে দেখ আয়নাতে
পুঙ্খানুপুঙ্খ।

বিদ্যা দেবীর বর
পেয়েছে যে মস্তক
ছলা কলা তার কাছে
মুখস্থ পুস্তক।

ড্রোন হাতে কপি পেষ্ট
খোকা খুকি খেলছে
জ্ঞানী গুণী লোক জন
ঠেলা গাড়ি ঠেলছে।

ভাষা অতি ক্ষুরধার
তলোয়ার কাটে কান
সাথে যদি চোখ জুটে
কাটা যায় গর্দান।

চেয়ে দেখ আলোচনা
সুক্ষ্মতা ঝরছে
কবিতার গা থেকেই
আলো ঝরে পরছে।

দেখে রাখ শিখে রাখ
লেখালেখি কারে কয়
কলম কালিতে কার
সরস্বতী কথা কয়।

সংখ্যা গুণের মান
নয় সেটা জানলে
লোক টানা কানা কানা
ভাল কেন মানলে?

লেখার মর্ম যদি
হৃদয় না স্পর্শে
হয়নি সে লেখা আজও
বুঝে নাও হর্ষে।

টানাটানি করে কেউ
ধূপ মোম বেচছে
বুঝি সেটা, কবি কেন
খরিদদার ধরছে?

কবি মরে ভূত হয়
তবে পায় ইজ্জত
নাই কোন শর্টকাট
শুধু শুধু হুজ্জত।

বেবাফা

আমি যেতে পারি কিন্তু যাব না।
আসতেও পারি কিন্তু আসব না।
ন যযৌ ন তস্থৌ হবে আমার চিরস্থায়ী অবস্থান-
অনেকটা ঐ গলার কাঁটার মতো।
বিরক্তিকর চর্মরোগের মত তোমার দেহ-বিষ হব।

আমি জেনেশুনে অজ্ঞাত থেকে যাব-
তোমার সুখ-সাধনার কবে কোথায় পূর্ণ যতি হল।
আমি মনে মনে তোমার গানে ঠোঁট মিলাব।
তোমার চোখে সুরমা হয়ে জল ঝরাব।
কিন্তু তোমার প্রিয় আয়নায় আমার ছায়া পড়বেনা।

আমি তোমার প্রতি আমার ভালবাসাকে ঘৃণা করব।
আমার প্রতি তোমার অবহেলা, তাচ্ছিল্য, বীতরাগ
সব আমি মন-প্রাণ দিয়ে ভালবাসব।
সব শেষে প্রার্থনা করব ঈশ্বর তোমার মঙ্গল করুন।
তারপরও কি করে তুমি আমায় বেবাফা বলতে পার?

ব্যাকরণ

আমার নিজস্ব ব্যাকরণই আমার আয়রন ডোম-
এমন সুরক্ষা কবচ আর একটিও হয়না।
যতক্ষণ মেনে চলা যায়-
পাড়াগত সমস্যা থেকে রিপুগত সমস্যার ঢিল
আটকে দেয় আমার ব্যাকরণের বহু পরীক্ষিত স্কিল।

ডাক্তার বদ্যি বিবেক বুদ্ধির কোন সাম্প্রতিক এডিশন
উড়ে এসে জুড়ে বসা কোন প্রাণেশ্বর প্রাণেশ্বরীর ছলনা
আমার ব্যাকরণের ছাঁকনি দিয়ে গলে না-
তবু হায়, নাদান হৃদয়, মাঝে মাঝে কার কানকথা শুনে
অবাধ্য হয়। ভুল করে। শাস্তি পায়, তবে ঘরে ফিরে।

ব্রাণ্ড নিউ

আমায় একদমই চেনা যাচ্ছে না–
আয়নায় একদম ব্র্যাণ্ড নিউ ফেস।
এমন কি চোখ বুঝে অতলে ডুব দিলেও
নতুন মুখের খোলতাই ঠিক থাকছে।

মন, আত্মা, চমৎকার সাফসুতরা ফিটফাট
চকচকে মেঝে, দেয়ালের ঝকঝকে পেইন্টিং
বাহারি ফুলদানীর কাঁচ, তকতকে বইয়ের তাক।

রুচি, ফের একদম কচি, গায়ে নয়া চেকনাই।
আশা, প্লাস, প্লাস, প্লাস।
ডাস্টবিন ঝেড়ে, প্রেম, দুঃখ, হতাশা, হাহুতাশ
হোয়াটসআপ, মোবাইল, সোশ্যাল, সব সাফ
মিউনিসিপ্যালিটির গাড়ীতে চড়ে পগার পার।

দৃষ্টিভঙ্গি, মানে দুনিয়া দেখার চোখ?
একদম ফ্রেশ, এক জোড়া নতুন লেন্সকার্ট।
প্যানপ্যানি, ঘ্যানঘ্যানি সব বাদ।
নো পিএনপিসি, নো দরবার।

খাওয়া দাওয়া? যা কিছু মন চায়।
ঔষধপত্র? হা, হা, হা।
টাকা পয়সার চিন্তা? হো, হো, হো।
গার্লফ্রেণ্ড, বয়ফ্রেণ্ড? যেমন ইচ্ছা
যেমন চাই। চেঁচামেচি? নাই।

খরচ খরচা? ধুস্।
টাকা মাটি, মাটি টাকা
লাখ টাকা তুলা, বাস।

ভবিষ্যত ও সঞ্চয়? ধুর।
ভবিষ্যত বলে কিছু হয়?
সঞ্চয় উই পোকায় খায়।

কষ্ট হয়না এতটুকু?
অমনি অমনি বদলে গেলেই হল?
অতীতের লটবহরই বা ফেলে এলে কই?

সিক্রেট। সিক্রেট। সব সিক্রেট।
সব পিছুটান মায়া, মায়া, মায়া।
খানিকটা ইশারায় দোষ নেই, বলাই যায়-
একটু কষ্ট করে মন-ময়নাকে পোষ মানাতে হয়।

নাই নাই হাহাকার থেমে যায়
চাই সাধনার শুধু এক ফুৎকার।
রামপ্রসাদী , লালন
রফি, মুকেশ, কিশোর, মায় মির্জা গালিবও বাদ।

সাধনা সফল হলেই -
প্রেমিকার অন্যদিকে ছুঁকছুঁক ভাবলেও হাসি পায় ।
ঈর্ষা হয় না। দুঃখ হয় না-
রক্ত গঙ্গার দৃশ্যও চোখে ভাসে না হাজার বার।

এই সাধনারই ফল নো চিন্তা নো ভাবনা
নো বিকার। জন্ম নেয় একদম ব্রান্ড নিউ
বিরহের খচখচানি মুক্ত, নির্ভয়
অঢেল হজম শক্তিসম্পন্ন এক অন্য জীবন।

বড় থেকে বড়, ছোট থেকে ছোট

আমি সবচেয়ে বড় হই না
আমার থেকেও বড়
অন্য আরেকজন থাকে।

আমি সবচেয়ে ছোট হই না
আমার থেকেও ছোট
অন্য আরেকজন থাকে।

সব সময়ই আমি থাকি
দুই চরমের মাঝে।
মন বলে তোর এমন হলে
খুশী হওয়াই সাজে।

- এই কবিতাটি কবির ইংরেজীতে লেখা BIG, BIGGER, small, smaller কবিতার ভাবানুবাদ।

ভাল দিন

আজ ছিল ভাল দিন।
আজকাল আমি ভাল-খারাপ দিনের কথা মানি।
তাতে যদি আমায় কেউ কুসংস্কারাচ্ছন্ন বলতে চাও
তাই বল।আমি কারো সংগে তর্কে যাবনা।
সব কাজ যেদিন ভালয় ভালয় মিটে যায়
কোন অহেতুক ঝামলায় না জড়িয়ে যেদিন
সব কাজ সেরে ফেলা যায়
সেটা নিশ্চয়ই একটা ভাল দিন।
তা ছাড়া খারাপ দিন কেমন হয়
আমি খুব জানি।
সকালে সম্ভাবনার আকাশে আচমকা
খানিকটা মেঘ জমেছিল।
একবার অন্তত মনে হয়েছিল না জানি কি হয়।
তবে দুপুর নাগাদ মনের আকাশ ফর্সা হয়ে যায়।
অহেতুক উদ্বেগ নিমেষে উড়ে গিয়ে
সবকিছু হয়ে যায় একদম ঠিকঠাক।
এরপর থামতে হয়নি কোথাও অহেতুক।
যেমন আর দিন হামেশাই হয়।
কালকেও হ'তে পারে
অথবা পরশু।
ইদানিং মনে হ'চ্ছে সপ্তাহ মাস গুলিও
তুলনামূলকভাবে ভাল যাচ্ছে।
বছর নিয়ে এখনই কিছু বললে

নির্ঘাত ভীষন তাড়াতাড়ি হ'য়ে যাবে।
আচ্ছা, আমাকে কি নজর গুটা
ঝুলিয়ে রাখতে হ'বে এই কবিতার গায়?
কাঁচালংকা-লেবুর মালা
অথবা অন্যকিছু যুৎসই?
সব দিন সমান যায় না
এই চেতনা থাকাই কি যথেষ্ট নয়?

ভালবাসা-মন্দবাসা

তোমায় আমি ভালবাসব না
ক্ষমতা আমার কই?
মন্দ-বাসায় থেমে থেমে
পথ খুঁজিয়া লই।

ভালো ছেলে মন্দ ছেলে

ভালোছেলের ভালো হবে মন্দছেলের মন্দ
ওদের মনে দন্দ্ব ছিলো হয় কি এমন?
ভেবে টেবে চালাক যারা করছিলো সন্দেহ
না, হয়না এমন হয়না। হ'লো কখন?

দেখলো ওরা চেয়ে টেয়ে বুদ্ধি ভীষন করে
হাত ফসকে যাচ্ছে সবই মন্দ হওয়ার ভয়ে।
মন্দ হওয়ার ডরটা যদি যাই আমি পার করে–
ভাবলো ওরা, পৌছে যাবো ঐ সিঁড়িটা বেয়ে।

দেখলো ওরা পৌছে গেলে মন্দ ভালো সব
যায় গুলিয়ে ভীষন ভাবে কেউ রাখেনা খোঁজ।
তাই শুরুতেই অন্যরকম করলো যা সম্ভব–
পৌঁছে গেলো লক্ষ্যে ওরা যুদ্ধ করে রোজ।

কি করলে কি হয় নিয়ে যে গবেষণা কত
সেই থেকে রোজ করছে লোকে ভালোছেলে শত।

ভালোবাসা ও রকেট সাইন্স

ভালোবাসার রকমসকম কথাবলার ধরন
চলন বলন কাঁদা হাসা, বুঝেনা কেউ এমন ভাষা
মনমেজাজের হালহকিকত এমন

চিরকালই ছিলো।
ভালোবাসা নতুন কবে রকেট সাইন্স হলো?

ভীষণ আপত্তি

বয়স আমার বাড়বে সে ত থাকেই সবার জানা
তবু হঠাৎ বাড়লে বয়স যায় না সেটা মানা।

অপিসেতে স্যার কিংবা বাবু বলার চল
বাহিরেতে অন্য নামেই সম্বোধনের ঢল।

এই ত সেদিন দাদা বলে ডাকত সবাই দলে
হঠাৎ কানে বাজল ডাকা 'শুনুন কাকা' বলে।

বলল মগজ জেঠু বলে ডাকেনি সে ভাল
ঐ মুকুরে চেয়ে দেখি মুখটি আমার কাল।

আরশি ঘরে ঘন ঘন মনের দেখা পাই
সব কিছুতেই অবুঝ সেজে ছিঁচ কাঁদুনী গায়।

দেহের বয়স যাচ্ছে বেড়ে মনের বয়স থেমে
ভাল কিছু সর্বনামে যেতেই পারে নেমে।

তা নয় যত চ্যাংড়া লোকের ডাকের ছিরি দেখ
কাকা জ্যাঠা ডাকলে তোমায় মুখ ফিরিয়ে থেক।

ভেজাল

কবিরা সব এক একজন
সাক্ষাৎ বিনয়ের অবতার।

সবিনয় নিবেদন এই যে, বলি ঐ
বিনয়টিই তাদের এক মস্ত বড় দোষ।
তাদের কাছে মুড়ি মিছরীর এক দর।

কত না ভেবে চিন্তে
কত না সময় খেয়ে
কবির লেখা কাব্যের
গূঢ় রহস্য ভেদ করলাম।

কাঠ খড় পোড়ালাম
চোখ জলে জলাকার করলাম
তবে না বুঝে শুনে
বেশ একখানি টিপ্পনী লিখলাম।

অধিকন্তু এখন এই কথা লিখে
না জানে কত না কবির
চক্ষুশূল হলাম।

আমারই পোড়া কপাল
দেখে শুনে চুপ থাকার স্বভাব
আর রপ্ত হল না আমার।

তবু অমন যে জ্ঞানী গুণী লোক ওরা
আমার কথা বুঝলেন কি বুঝলেন না
কিছুই বুঝলাম না।

ভাল মন্দ, উৎকৃষ্ট নিকৃষ্ট নির্বিচারে
মন্তব্যটি খুব সুন্দর হয়েছে জানিয়ে
সবাইকে অনেক অনেক ধন্যবাদ
সমান ভাগে বাঁট করে দিলেন।

আমিও কিছু কম পেলাম না তবে
মন আমার বিদ্রোহ করল।
সময় বলল আর অপচয় কর না।
অন্যের কবিতা পড়ার কি দরকার?

একটু বুদ্ধিমান হয়ে মনোহরা
ছাপা মন্তব্যই লিখে দাও না।
তাহলেই সব খোশ।

দর এক হলে মুড়িই বেচতে হবে।
এক দামে মিছরী বেচলেই হবে ঘাটা
না বেচলে ক্ষতি কিছু নাই।

অকাট্য যুক্তির ধার
কোন ভেজাল নাই।
মানতে হয় বৈকি
ভেজাল হয়েছে মনের দুনিয়ায়।

ভ্রান্তিবিলাস

আমি আর তুমি দেখি আর ভাবি
ভাবের কতো যে মিল।
আসলে তা জানি সবই যে অভাবি
মনের ভ্রান্তি তিল।

তিল তাল হয়, হয় যে ওমনি
দেখা-ভাবা হয় কাল।
তাই ভালো থাকা মাঝে একখানি
অচেনার চেনা ঢাল।

কেন যে ভুবনে থাকা দুই জনা
দুই প্রাণে এক সুর!
নাই জানাশুনা তবু মন টানা
আসমানী কোনো ডোর।

নিয়ত নিয়তি, যত রীতিনীতি
যেন যুদ্ধের ফৌজ
ঘুরেফিরে মনে জাগায় ভীতি
ঘুম ভেঙ্গে যায় রোজ।

মই কই মই?

প্রথমে ভাবলাম, পাঠক এখন অনেক দরাজ হয়েছে।
ছাই পাশ আমি যা ই লিখি
কত না সুন্দর সুন্দর সার্টিফিকেট পেয়ে যাই!
পরে একটু ভেবে খেলাটি বুঝলাম-পাঠক চাই।
ভাবলাম যাই, আমিও বিজ্ঞাপনের খসড়া বানাই।

ফলে শীঘ্রই আমার কবিতার তুমুল সাদর অভ্যর্থনায়
একসময় আমি তো একেবারে ফোলে ফোলে ঢোল।
আরো অধিক বিজ্ঞাপন চাই। এটাই আদর্শ রুল।
আমি কায়দাটি শিখে ফেলেছি চমৎকার দ্রুততায়।
এখন আমি রোজ বিজ্ঞাপনের নতুন খসড়া বানাই।

তবে বিদঘুটে মন আমার দরাজ হয় না মোটে
যখন তখন বুদ্ধি নিতে মগজের কাছে যায় ছুটে।
ফিরে এসে রীতিমত গোসা করে, রেগেমেগে বলে, থাক
তোমরা বসে বসে এই করছ, পেটাচ্ছ নিজের নিজের ঢাক।
চোখ খুলে দেখি, তাই তো! রয়ে গেছে বড় সড় সব ফাঁক!

একদিন দেখি গিন্নীও আমার রেগেমেগে হন কাই।
বলেন "এই তো তোমাদের কবিতার ছিরি। বিচ্ছিরি।
তাতেই দেখছ হাজার হাজার পটে গেছে ছুঁড়া ছুঁড়ি?
রাখো কলম, রাখো এক্ষুণি, তুলে দাও এই পাট।"
আহা, থাক না, কবিতারা শিশু, এমন বলো না ষাট।

"তুমি বোকা", বারবার গিন্নীর এই এক কথা, গিন্নী সন্দিহান।

"ভুলভাল প্রশংসা করে আর উল্টাপাল্টা উৎসাহ দিয়ে হায়

লোকে তোমায় চড়াচ্ছে মাথায়, পরে নামানোই হবে দায়।"

গিন্নীর এমন আজব চিন্তা, খানিক পরে আমাকেও দেখি ভাবায়

চড়ে গেছি? তাই তো! মইও দেখি নাই, এখন নামি কি উপায়!

মন

থাক পড়ে, থাকুক সে লটকে ঘুড়ি হয়ে
বিষয়ান্তরে যাই ছেড়ে মন মগ ডালে।
যাই আসি, আসি যাই এটা সেটা ছলে
দেখি তারে, দেখে কিছু, দেখে মন দিয়ে।

উঁকি ঝুঁকি দেয় মন সীমানার ওপারে
চুপি চুপি ঘন ঘন দেখে যায় মিছে।
বলে মন দেখো তুমি দেখো কত কাছে!
বলি আমি আয় নেমে আয় ত্বরা করে।

যা কিছু দেখিস ওরে আছে বহুদূরে
হাতছানি দিয়ে ডাকে মরীচিকার মত
দেখিয়া কি সুখ ওরে পাইবি অন্তরে?
ভিজিয়া নাকাল হ'বি অশ্রুজলে যত।
বেপরোয়া মন তবু লাট্টু হয়ে ঘুরে
মগডালে সুতো বাঁধা মন, পাক খায় শত।

মনগড়া

একটা মনগড়া পৃথিবীতে
আস্ত জীবন কাটিয়ে দিয়ে মন
এই অবেলায় তুমি খুঁজে পেলে
হিসাবের সব বড়সড় গড়মিল।

সময়ের চাকা শুধু সামনে গড়ায়-
বৃথা হাহুতাশ।
মানে না যে মন তার হাতে দাও
একটা ঝুনঝুনি।
বই পড়া, কবিতা লেখা, সিনেমা দেখা
যা কিছু একটা কর।
মাঠে গিয়ে হাঁট কিংবা দৌড়াও
বাঁধা রেশন খেয়ে যাও চুপচাপ।

মতামত সামলে রাখ
স্বাধীনতা খাঁচায়।
বসে বসে ইচ্ছা পাখির ডানা ছাঁট
নির্বিকার।

অন্যদের চমৎকার পৃথিবীতে
সুখে থাক
সীমাবদ্ধ সুখের আঙিনায়।

ডোনাল্ড ট্রাম্পের পৃথিবীতে
চুলচেরা হিসাব নিকাশ-
ফাও? হাসালে আমায়।

মনের ঋতু

প্রতিশ্রুতিগুলি রাখতে পারিনি, দেনা ফেরত দিতে পারিনি কত
অঙ্গীকারগুলি অপূর্ণ রয়ে গেছে হাতেও আর সময় নেই তত।
শপথ করে বলছি, তখন ভীষণ গরম লাগে
এটাই "গ্রীষ্মকাল" বলো না এমন ত হয়নি আগে।

আমার ইচ্ছে গুলি লুকোচুরি খেলছে
আমায় কখনো দুখী কখনো উৎফুল্ল দেখাচ্ছে।
যখন আমার মন ও মেজাজ উপর নীচে থাকছে
এটাই ত "বর্ষা ঋতু" মন নিজে নিজে জানছে।

অঙ্গীকারগুলি পূর্ণ হল প্রতিশ্রুতিগুলিও রাখতে পারলাম
সফলতা পেলাম, ঋণমুক্তও হলাম।
যখন মনে অপার শান্তি অনুভব করে উৎফুল্ল হলাম
বলার কি আর দরকার " শরৎ ঋতু" তে পড়লাম।

মৃত্যু আর হতাশায় আমার দিন বয়ে যায়
আশা আর বিশ্বাসের পথ হারিয়ে যায়
যখন বন্ধুরা সব দূরে থাকছে, মনে আমার ভয় ভয় করছে
জানি আমি জানি "শীত ঋতু"র শীতল হাওয়া বয়ে চলছে।

যখন সব কিছুই রঙীন আর উজ্জ্বল দেখায়
আমি ভীষণ হাসিখুশী, প্রফুল্লতা ছড়ায় আমার গায়।
তৃপ্ত আজ অভিলাষ, স্বপ্ন সাকার হয়েছে
জানি আমি জানি ঋতু "বসন্ত" বিরাজ করছে।

- এই কবিতাটি কবির ইংরেজীতে লেখা Seasons of mind কবিতার ভাবানুবাদ।

ময়ূরপূচ্ছ

পাঠক তুমি যে মন্তব্য দিলে আজ
নানা আবরণ, আভরণ, সাজ ও তাজ
সত্যি তার কোন তুলনা হয় না।

যত রাগ অনুরাগ মনোব্যথা মনস্তাপ
যত হাসিখুশি, জ্বালাময়ী যত অন্তর্গত পাপ
তোমাকেই দেই, ঘরে সে বাঁধা রয় না।

তোমার কথায় আরাম সরস
আমি যে পাই স্নেহের পরশ
শুধু নির্জনে সংগোপনে এমন পিরীত হয় না।

এই টুকু শুধু লজ্জা ও দ্বিধা মনে
এই আভুষণে সজ্জিত হয়ে যাই যদি বেণুবনে
ময়ূরপূচ্ছ বলে যেন কেউ কয় না।

মাচা

মাচাখানি বেশ হয়েছে আমার
জুমের ক্ষেতে মৌমাছির হানা
নিঃশব্দে শ্বাপদের আনাগুনা
ভিমরুলের কোলাহল
সাপ নেউলের খুনসুটি
রাতে খ্যাঁক্ শিয়ালের হুক্কাহুয়া ডাক
বহুদূরে হয়নিপ্রেম প্রেমিকার
অর্থহীন হাহুতাশ, সব মিলে
মন আমার অপূর্ব ক্যাকটাস।

মন পালাই পালাই করে না
অশ্রু হয়েও ঝরে না
স্নিগ্ধতার ফুরফুরে বাতাস
দূরের পৃথিবী থেকে এসে
একটু নেয় শ্বাস।
আনন্দের গোপন অজ্ঞাতবাস
মেঘ বৃষ্টিও আসবে
কথার খেলাপ করেছে কবে যে করবে?
উচ্ছ্বাস হয়ে নিশ্চিত আজ ঝরবে।

লতায় চারটে ঝিঙে
দুটি ফিঙে, দুটি কুমড়ো ফুল
ভুট্টার কাঁধে ভর
শিশু কোলে শশা

তিল তিসির ডালা
মুখটি তুলে হাসা
সূর্যমুখীর থালা।
কান পাতলেই কাছে
কুলুকুলু ঝর্ণাও আছে।

অচল ভাষা কথা
বুনো গন্ধ কবিতা
মাদল মদিরা শব্দ
অনুভূতি সব ছন্দ।
বাতাস ভরা বুক
মাচা মনের সুখ
চন্দ্র সূর্য হাসি
বিলুপ্ত প্রাণী কষ্ট
সব তারা ভালবাসা।

মাছ যে মনের কথা বলে

মাছ ছিল মাছ আছে থাকিবে অন্তরে।
মাছের জন্য প্রাণ কাঁদিবে আপনি।
ছোট মাছ দামি হলে বড় মাছ কিনি।
মাছ ছাড়া ভাবি দিন কাটিবে কি করে?

শয়নে স্বপনে মাছ লাফালাফি করে।
বাজারে কিনিয়া মাছ খুশী হই যত।
দেখিয়া তাহার মুখ সুখ পাই তত।
মনের গভীরে মাছ ছটফট করে।

গাঙে মাছ গাঙ চিল উড়ে, মাছরাঙা উৎ-পাতে।
ঝুপঝাপ ছিপছাপ জলে, জেলে নৌকা রাতে-

যায় আর ফিরে সে প্রভাতে, মাছ নিয়ে আসে।
ছোট আমি জেগে থাকি বড় আমি ঘুমে।
মা থাকে রান্নাঘরে বাজারের আশে
থলে ভরা মাছ নিয়ে ঐ, এলো বুঝি ঘেমে।

মালিক

ভেঙে পড়া মেঘেদের বুক ভরা ক্ষোভে
বেঁধে রাখা নদীদের প্রবল আক্রোশে
দিকে দিকে জমে থাকা মানুষের লোভে
গড়ে উঠা ইমারত ভাসিছে নিমেষে।

শান্ত পাহাড়ের দেখো ঘুচে গেছে লাজ
ধ্বস ফেলে চূর্ণ করে দর্প অহংকার-
হাহাকার আর্তনাদে তৃপ্ত হয় আজ।
মরণোন্মুখ নর নারী করে চি-চিৎকার।

আর্তনাদ করে করে ভেসে যায় মুখ।
কতো যে মরিলো কতো ভাসিলো সংসার-
কে রাখে গণনা তার? কে বা করে শোক?
কার পাপে কে মরিল করে কে বিচার?

মেঘ নদী পাহাড়ের মালিকানা যেন
নিমেষে ছাড়িয়া দেয় মালিকেরা কেন!

মেঘ-বৃষ্টি-ঝড়

আকাশে মেঘের এমন ছুটাছুটি
যেন শ্রাবন এসে গেল প্রায়।
ধুলো মাখা বাতাসের এমন লুটোপুটি
এই বুঝি ঝড় এসে যায়।
তবু ঝড় অথবা বৃষ্টি
যেমনটা তুমি আমি চিরকালই চিনি
এই অচেনা চৈত্রের মাঝামাঝি
আজ অব্দি আসেনি।
এমনটাই রোজদিন হ'চ্ছে
আজকাল সকাল-বিকাল।
আশা-নিরাশার খেলা চলছে
যেন বদলে যাবেই দিনকাল।

মৌতাত

আর কত প্যানপ্যানে কবিতার
প্রেমের পঞ্জিকা দেখে দিনপাত?
গঞ্জিকায় আর কত সুখ টান?
সময় হয়নি বুঝি অন্য কিছু দেখার?

ঐ যারা ছাউনিতে ছাউনিতে
অধীর আগ্রহে ঘড়ির কাঁটায় চোখ রেখে
দ্রুত পায়চারি করছে
যুদ্ধে যাওয়ার তাড়ায়
ওদের দিকেও দেখ একবার।

থামোশ।
বলি তাতে তোমার আমার কি?
যুদ্ধ কাছে এলে দেখা যাবে খন।

পালাতে হয় পালিয়ে যাব
মরতে হয় মরে যাব
কাঁদতে হয় কাঁদব
এইটুকুন তো ভুমিকা
ঠিক উতরে যাব।

নায়ক, নায়িকা, ভিলেন
পরিচালক, প্রযোজক
যুদ্ধের আমরা কে ভাই?
তংগ করোনা আমায়।

একটু সুখ বিলাস, রসের মৌতাত
করব এমন দু দণ্ড শান্তিও নাই।
প্রিয়তমা, ছিটকিনি দাও দিকি।

ঐ টিভিটাও বন্ধ করে দাও প্রিয়ে।
আকাশে জ্বলন্ত চরকির ডিগবাজি খেল
অসময়ে আসমানী ভোর
ঢের তো দেখা হল।

জাহান্নমে ওরা যুদ্ধ করছে করুক।
মরে যেতে ওদের ইচ্ছে হয়েছে
মরুক না সব, মরুক।

বুঝলে রাই, ছন্দ না হলেই নয়।
অক্ষরবৃত্ত, মাত্রাবৃত্ত চাই।
সহজ স্বরবৃত্ত দিয়েও শুরু করা যায়
দোষ কিছু নাই।
শুধু ছন্দোবদ্ধ জীবনই থাকুক সব কামনায়।
শুধু আরাম আয়াশের সুখস্বপ্নই ছড়িয়ে পড়ুক
সব সাধনায়।

তোমার নধর বক্ষের কোমল ছাউনিতে
আমার চোখ দুটি ঢেকে রাখ রাই।
তুমি কবিতা লিখ রাই, আমায় শুনাও।
আমায় ঘুম পাড়াও।
প্রিয়ে, প্রিয়ে, প্রিয়ে
আমায় ঘুম পাড়াও।

ম্যানেজার

আমার দেখা, আমার জানা সব সেরা ম্যানেজাররা
হেঁশেলে মুখ গুঁজে রান্না করছে, বাসন মাজছে
ছাতে কাপড় শুকাচ্ছে, কর্তার জামা ইস্তিরি করছে
বাচ্চার প্যানপ্যান, ঘ্যানঘ্যান সামলাচ্ছে
ইচ্ছায়-অনিচ্ছায় বাড়িতে বয়স্ক কেউ থাকলে
অল্প হোক, বেশী হোক, সেবা যত্ন করছে
অন্তত মুখের সামনে ভাতের থালাটি ধরে দিচ্ছে।
ঘর দোর সাফ রাখছে, ধোয়া মোছা করছে।
রবি বারে, রবি বারে, বাথরুম কমোডও ঘষছে।

ইদানীং আবার কাজকাম কম পরেছিল বলেই বোধ হয়
মলে, বাজারে ঘুরে ঘুরে সদাই কিনে আনছে।
কেউ কেউ আবার বাচ্চা কে নিয়ে
ইস্কুল, মাস্টারের বাড়ি দৌড়াচ্ছে।
যাওয়ার পথে, আসার পথে, খোঁজে খোঁজে
সস্তায় এটা সেটা কিনে এনে সংসার চালাচ্ছে।

কিন্তু অতি আশ্চর্যের বিষয় হল গিয়ে এই, যে
ওদের এহেন কাজ কম্ম কারো বিশেষ চোখে পড়ে না।

বিশেষ করে হেঁশেল বাচ্চা সহ ওদের সংসারের যিনি মালিক
রোজ ই ওদের কাজে অনেক দোষ ত্রুটি খুঁজে পায়।

কবে কোন ছোট বেলায় কেউ একজন মালিকের কানে

এমন ফুঁ দিয়েছে - মালিক ঠিক মনে রেখেছে যে
ওদের কে ঢোলের মত ভাবতে হয়
তবে গিয়ে তাল ঠিক থাকে।
তাই সময় সময় মালিক ওদের নিয়ে গানা বাজানা করে।

রাস্তায় কার সংগে দাঁড়িয়ে হাসাহাসি করছিলে?
মাস্টারের বাড়ি গিয়ে দু দু ঘন্টা করে রোজ চার ছ ঘন্টা
খুব তো আড্ডা মেরে আসা হয়।
সদাই কিনতে যাওয়া না ছাই-
পার্লারে গিয়ে মুঠো মুঠো টাকার শ্রাদ্ধ করে আসা।
যাক, এর বেশী আর ঘরের কথা না বলাই ঠিক থাকবে।

সারাজীবন আপিস কাছারিতে ঘুরে ঘুরে
কত না ধড়িবাজ, ফাঁকিবাজ, কাম চোর, কথায় পালিশ
অকর্মা, নিষ্কর্মাদের মাসে মাসে পাওনা নিয়ে যেতে দেখলাম
নিয়ে যেতে দিলামও। ওদের পার্টির মালিক ওদের দেখে
রাখে।
অমন যে ঘরে হালুম হুলুম করা মালিক, তেনারা ও
আপিসের লোকদের ঘাঁটাঘাঁটি করতে সাহস পান না।
সে অবশ্য অন্য জগত। অন্য বিষয়। অন্য আদব কায়দা।

যক্ষিণী

অগোচরে চলা নিশাচরী চির চঞ্চল দামিনী
মনোরথোগামিনী, ভ্রান্তিবিলাসিনী ওরা যক্ষিণী।

বায়ু বেগে চলা সুক্ষ, অতি দক্ষ যক্ষ ঘরণী
ভগ্নহৃদয়প্রবাহিনী ওরা উন্মাদমনোগামিনী।

উর্বর মনোবাসিনী, অনুরক্তি অভিলাষিণী
বাক্যে বিবশকারিণী ওরা রুঢ় বিদ্রুপভাষিনী।

প্রিয়সন্তোষিনী, সুধা অমৃত-বিষ দায়িনী
কূটতর্ক, ছলকপটকলা পারদর্শিনী।

তাপহরনী, তাপদায়িনী ওরা তপ্তহৃদয়বাহিনী।
বিষাদিনী ওরা বিষাদসঞ্চারিনী।

নিদ্রিতমনোবাসিনী, কামনা বিলাসিনী সুভাষিণী।
সুখ দায়িনী কন্ঠরোধিনী ওরা বক্ষবিদনকারিণী।

ওরা মায়াবিনী ওরা সত্য স্বপন নাশিনী
ওরে যা, ওরে উদাসীন, ওরা যক্ষিণী, ওরা যক্ষিণী।

যাত্রা শুভ হউক

ভদ্রলোক ভাল আয়না দেখান।
এই আয়না তোমার অবস্থা, অবস্থান, ক্ষমতা, দুর্বলতা
এবং সর্বোপরি তোমার ওজন, সব মাপতে পারে।
সব কিছু মেপেজোকে নিমেষে আয়নায় স্থির হয়ে যায়
তোমার কি প্রাপ্য হলো ভাই।
নেমন্তন্ন না গলা ধাক্কা নাকি যুগপৎ
ঠিকমত দুটোই দেয়া যায়।

বানিজ্যে হামেশাই একটু-আধটু ঝুঁকি নেয়াই চল
ক্রেতা-বিক্রেতা উপরে উপরে বন্ধু হলেও
ভিতরে ভিতরে দড়ি টানাটানিটাই আসল সম্পর্ক।
বাগে পাওয়া গেলে ষোল আনা সিদ্ধি-
তাই না সব নাটক, যেন ফেসবুক লাইভ চলছে।
দেখ দেখ ও কেমন কাণ্ড করছে
এরপর কি আর বন্ধু থাকা যায়?

স্বার্থের পাল্লাটা কোন দিকে আজ কেন ঝুঁকছে
বুঝার মত খুলি আমারও নাই।
উত্তর কোরিয়া সেই যে কবে লোক পাঠিয়ে আর কেন
টুঁ শব্দটি করল না
তা ভেবেও খুলি ওভার টাইম খাটছে।
পাণামা খালের কি হল হাল হালে
এখনো তা জানা হল না।
গ্রীণল্যান্ডের পানি কি গরম হচ্ছে?
দুচ্ছাই, নাই তার কোন চর্চা।

বুঝলাম, ভদ্রলোক আয়না দেখিয়ে দেখিয়ে
জল মেপে নিচ্ছেন।
লাভ না হলে আর শুধু শুধু যুদ্ধ করে কি লাভ
এমন ভাবনায় শান্তির সম্ভাবনাও চমকায়।
সব ভাল যার শেষ ভাল।
দুগ্গা, দুগ্গা, নতুন পৃথিবীতে আমাদের সবার
যাত্রা শুভ হউক।

যুদ্ধ পক্ষ

যুদ্ধ দেখছি রোজ, যুদ্ধ।
ল্যাপটপের স্ক্রিনে
মুহুর্মুহুঃ আছড়ে পড়া মিশাইল
কত কত সীমানা পেরিয়ে
কায়েম করছে দক্ষতার অমৃত মিশাল।

এই পর্যন্ত এসে
ভাল লাগছে জেনে, ধম্মটম্ম নয়
শুধু ব্যবসায়িক টানা-পোড়েন
কিংবা চিরকাল জুড়ে ভাল থাকার দায়
নতমস্তকে ভাবতেও বাধ্য করে।
নতুবা কে কার?
ঐতিহাসিক বৈরিতা
পরম ধার্মিক অলংকার।

স্বার্থের জলাঞ্জলি
কলিতে মহাপাপ।
সবে মিলে পঙ্গু হওয়া
কোন কাজের কথা নয়।
খুঁজে পাওয়া চাই
মিলেমিশে থাকার
আপাত অদৃশ্য কোন উপায়।
নির্বিকারতার মুখোশ
শিয়রে শমন এলে-
আর কত পরে রাখা যায়?

সমানে সমান হলে শুধু দোস্তি কেন
দুশমনিও নিরাপদে পথ চলে।
গরীবের সাম্যবাদের গল্পে
সাম্রাজ্যবাদ ভিলেন সাজে।
পথে পথে ধনী হওয়ার-
অতৃপ্ত বাসনার হাজার কাঁটা জন্মায়।
সব হারানোর ভয়, তবে মন্দ নয়
ধনীদের সাম্যবাদ প্রতিষ্ঠা করে-
আকাশে উড়া-উড়ি বন্ধ হয়
উলুখাগড়াদের প্রাণ বাঁচে।

শুরু থেকে ভেবে ভেবে
এই প্রশ্নের কোন উত্তর খুঁজে পাই না
টানা-পোড়েনের মুখামুখি দ্বৈরথে
মিশাইল না আয়রন ডোম
ঠিক কোন পক্ষে থাকলে
পৃথিবীতে ঠিক থাকা হয়-
তৎ সহ বেঁচে বর্তে থাকে আমার
অদূরবর্তী পারমানবিক স্বার্থ-জ্ঞান?

যেদিন আকাশ ভেঙ্গে পড়ল

প্রথম বার যেদিন আকাশ ভেঙ্গে পড়ল
আমি খুব ভয় পেয়েছিলাম।
ধর, ধর, ভেঙ্গে পড়ছে, ভেঙ্গে পড়ছে
এই বলে কত না কান্নাকাটি করেছিলাম!

এরপর দু একটা ছোটখাট আকাশ
এর ওর মাথায় আমিও ভাঙ্গলাম।
ক্ষতি কিছু হয় না, অভিজ্ঞতা বাড়ে।
তুমি আমাকে জ্ঞান দিলে, আমি তাকে দিলাম।

শেষ বার যেদিন আকাশ ভেঙ্গে পড়ল
আমি নিশ্চয়ই অসতর্ক ছিলাম-
ধর, ধর, ভেঙ্গে পড়ছে, ভেঙ্গে পড়ছে বলে
আবার সেই প্রথম বারের মতই কাঁদলাম!

যোগাযোগ

আধুনিক কোন জলযান পৌঁছবে না আমার বাড়ি। ভালো হবে উড়োজাহাজে চড়ে এলে। সুপার ফাষ্ট ট্রেনেও অনেক সময় লাগবে। নেই দরকার। পাতি বাসে চড়ে আসার কথা স্বপ্নেও ভেবো না। ওলা ওবের ওরা আসবেই না। প্রাইভেট কারে চড়ে আসা যায় তবে এসো না, সহসা তাল কেটে যেতে পারে ।ভাবতে পারি, আমি কই তুমি কই, আমাদের মাঝে কতো ব্যবধান! সাইকেল-রিকসা, অটো গাড়ি, টমটম ওগুলো দূরে পাড়ি দেয়ার কোন অপশন হলো কবে? তুমি এলে পরে ওসব চড়েই তো ঘুরতে হবে।হাঁটতে আর পারবে কতক্ষণ! ভিসা-পাসপোর্ট ইত্যাদি যদি লাগে তো লাগবে,যা লাগে তার বন্দোবস্ত তুমি করে নেবে জানি।আজেবাজে পথ ধরে আসা, একদম মানা। কখন কিভাবে পৌঁছবে, পৌঁছবে কি পৌঁছবে না তার নাই ঠিক। সব প্ল্যান প্রোগ্রাম হবে মাটি। হ্যাঁ, স্বপ্নে আসা যায়, তবে কখন যে ঘুমাই আর কখন যে জাগি, স্বয়ং আমিই কি তা ঠিকঠাক জানি? এছাড়াও আছে অনেক ফাঁড়া- যখন তখন দুঃস্বপ্নের তাড়া। কি বললে, তাহলে না আসলেই পারি? ও না না। প্লিজ ও কথা বলো না আসবে না। ওমা, আসার কি সমস্যা? এই তো আমরা রোজ আসি-যাই, দেখা করি, কথা বলি কত, কেউ কি আটকায়? আর সবচেয়ে বড় কথা, কেউ কি জানতেও পারে? এতো এতো সুবিধার এতো ছড়াছড়ি, তারপরও বলো কেন না আসলেও পারি ? এই যাঃ, চলে গেলে! আড়ি!!!?

রাত্রি সংবাদ

আরো বললে আরো কিছু রক্ত ঝরবে আবার
স্থগিত থাক সমাধান।
প্রিয়তমা, রাত যে হলো কাবার!

রূপ

এই রাস্তা তোমায় খোঁজে নেয় একদিন
আচমকাই সামনে এসে পড়ে।
চারিদিকে সুমধুর গান, কলতান
সংগীতের মূর্ছনায় তুমি মুহ্যমান
কি সাধ্য তোমার, ফিরে যাও।

অতিচেনা মুখ অতিদূর থেকে আসে
যায় আসে, যাওয়া আসা করে
তোমার সুপ্ত মনের আয়নায় ধরা পড়ে।
তুমি স্বরলিপি হয়ে যাও।
তুমি গান হয়ে ঝরে পড়।

এখন তুমি শুধুই প্রেমময়।যাদু-
মন্ত্র তোমার শিরায় শিরায় বয়
স্নায়ুতে ঝড় তুফান হয়ে ছুটে।
চেনা মুখ,লোকজন,খড়কুটো উড়ে।
আরশিতে নবযৌবন প্রাপ্ত, তুমি সুপ্ত।

মন অনুরাগ রঙে রাঙিয়ে তুমি রিক্ত
তুমি নবপ্রেমে অভিষিক্ত এক নটবর।
তোমার তুমিতে শূন্য খাঁচা দুলছে
মনপাখি ঐ আসমানেতে উড়ছে।
তুমি ভিন্ন দেশের নাগরিক প্রেম আবিষ্ট।

লক্ষণ

মৃত নন এমন একজন
হয়ত জীবিতও নন।
হয়ত শুধু শ্বাস-প্রশ্বাস নিচ্ছেন।

দুখী নন এমন একজন
হয়ত সুখীও নন।
হয়ত শুধু হাসছেন।

পাগল নন এমন একজন
হয়ত প্রকৃতিস্থও নন।
হয়ত শুধু ভালবাসছেন।

- এই কবিতাটি কবির ইংরেজীতে লেখা Signs কবিতার ভাবানুবাদ।

লাডো সরাই

বাঁ হাত ৩০ ডিগ্রী উঁচু করে
ডান হাত ২১০ ডিগ্রীতে রেখে
লাডো সরাই এর বাসার ঝুল-বারান্দায়
সামনের পার্কটির দিকে মুখ ঘুরিয়ে দাঁড়ালে
একটার পর একটা এরোপ্লেন
সকল-বিকাল-রাতে
আমার বাঁ-হাত থেকে ডান হাত বেয়ে নেমে আসে।

একটি জলন্ত সিগারেটের সাত মিনিটের আয়ুস্কালে
গড়-পড়তা দুটি বিমান এই পথে যেন নামবেই নামবে।
তবে ডান দিক থেকে বাঁ দিকে যাওয়া বিমানের গতিপথ
আমার কাকতাড়ুয়া মুর্তির চোখের আড়ালেই থাকে।

যদি এমন ধরে নেয়া যায়
আমার এই ধারণায় নেই বিন্দুমাত্র ফাঁক
নামছে বিমান উড়ছে আবার
যাচ্ছে ঝাঁকে ঝাঁক।

তবে, গল্প থাকে পার্কে, দেখি
সকাল বিকাল রাতে।
খোকা খুকির ছুটাছুটি
ব্যাট-বল নিয়ে হাতে।

অনেক রকম চেচাঁমেচি
শুনতে ভারি সুইট।
মোবাইল নিয়ে ঘুরছে না কেউ
করছে না কেউ টুইট।

এই গ্রহ তে এমন খেলা
আজও আছে বেঁচে-
ইচ্ছে করে নেমে গিয়ে
বাহবা দেই যেঁচে।

মুখে ওদের কি গালাগাল
বলব কি রে ভাই-
ভবিষ্যতের দিল্লীঅলা
ট্রেনিং নিচ্ছে তাই।

পাড়ার পোষা সারমেয়রা
আসছে সাথে সাথে
ওদের খেলা আসা যাওয়া
পাচ্ছে আদর ফ্রী তে।

বল গুটিকয়, মাঝে মাঝে
উপরে এসে রয়
ছুঁড়ে দিলে বেজায় খুশী
খোকা খুকি হয়।

দিনের বেলা কেউ একজন
জল ছিটিয়ে যায়।
গাছগুলি হয় বেজায় খুশী
দূর্বাও সুখ পায়।

জলে জলে কাদা কাদা
এমনই যখন হাল
মিঠে কড়া রোদ্দুর গায়ে
ভাবি দেই এক ফাল।

চারিদিকে উঁচুউঁচু
সারি সারি ঘর

খোপে খোপে পায়রা থাকে
নয় ওরা কেউ পর।

সারাদিনই উড়ছে ওরা
বকম বকম ডাক।
মাঠের জলে কেউ দাঁড়িয়ে
করছে কিছু তাক।

কেউ একজন দিনদুপুরে
মাঝে মাঝেই আসে।
উচ্চ রবে মোবাইল ফোনে
গাল পাড়ে সে বসে।

মনের জ্বালা এমন করেই
মিটিয়ে নিয়ে ঐ
যায় সে চলে অন্য কোথাও
জানি না ভাই কই।

এক যুবতী এই তো সেদিন
সন্ধ্যা থেকে রাত
খুব চুটিয়ে ঝাড়ল কারে
অনেক লম্বা বাত।

আমার মতন খুব বয়সী
একলা আমি কেউ
মাঝে মাঝেই আসে বসে
গুণে সময় ঢেউ।

সব বেলায়ই বিমানগুলি
নামছে পরপর
লাড়ো সরাই লাগছে ভাল
বাঁধবো নাকি ঘর?

লোভী

জানে সবাই শুরু থেকেই, আমার খালি হয় না-
অতৃপ্তি ভূষণ আমার, সাধের গড়া গয়না।

যারা বলে, মিথ্যা বলে, তৃপ্ত, আমি তৃপ্ত -
মনে তাদের কাম বাসনা, সুপ্ত, রাখে গুপ্ত।

কেউ কেউ ঐ বলে বেড়ায়, আমার কিছু চাইনা -
পায়না যারা, বলেই এমন, আমার আসে যায় না।

বান্দা আমি সবসময়ই, নাখোশ নাছোড়বান্দা-
না পেয়ে খুশ বলছে যারা, থাকুক বেকুফ আন্ধা।

সবার জন্য এই দুনিয়ায়, জীবন মোটে একটা-
পাওয়ার চেষ্টা থাকে আমার, অন্য কারোর ভাগটা।

আমার বুকে চাওয়ার চিতা, জ্বালিয়ে রাখি, জ্বলছে-
নেই পরোয়া কে বা কোথায়, মন্দ আমায় বলছে।

পরে পাব এমন কথা, আমার প্রাণে সয় না-
খাই খাই আমার তৃষ্ণা মনের, এর নিবারণ হয়না।

শেষ চিঠি

চিঠিরা এখনো পৌঁছে যায়, ঠিক ঠিকানায়।
এখনো ব্যথা দেয় প্রাণে, চোখে জল আনে ।

চিঠি আসে, চিঠি নয় একখানি খালি খাম।
উপরে লেখা আছে আমার ঠিকানা নাম।
নেই কিছু লেখা তবু পড়ি, এটাই যে চিঠি
'সব কথা শেষ, শেষ চিঠি তোমারে দিলাম।'

এটাই যে চিঠি, নেই কিছু লেখা তবু পড়ি
'শেষ চিঠি তোমারে দিলাম, সব কথা শেষ।'
আমার ঠিকানা নাম, উপরে লেখা আছে।
চিঠি নয় একখানি খালি খাম, চিঠি আসে।

এখনো ঠিকানায় চিঠিরা ঠিক, পৌঁছে যায় ।
চোখে জল আনে, ব্যথা দেয় প্রাণে, এখনো ।

সনেট-সময়ের সাথে পথচলা

প্রয়োজন ছিল খাঁটি, রেষ্ট বাকোয়াস
তাই আমরা বন্ধু ছিলাম, কিবা আসে যায়!
সীন চেন্জড, ব্রু, সময় বদলায়, টাইম চেন্জেস
কাজ কিছু যদি থাকে..চলি তাহলে, বাই।

সময়ের কেকাফোনি প্রায় রোজই শুনি।
সে নিজের পথে যায়, আমিও পায়ে পা..
পিছন ফিরে খাতার পাতায় স্মৃতির ইতি টানি।
রেখে কিবা লাভ বলো? টাইম চেন্জ মাপা?

সামনে এগিয়ে যাই, আরো দেখা হয়
অন্য অনেক লোক, বিভিন্ন লোকজন।
ওরা এই সময়ের লোক।আমার ফিট হয়-
ওদের চলা-বলা, মাই নিউ আপনজন।

নতুন সময়ের ভাষা মোভ-অন, বলতে শিখি
ডেমিট শিখি, ফরগেটিট শিখি, আরো শিখি।

শেক্সপীয়রীয় রীতি মেনে লেখা :-
অষ্টক – ABAB, CDCD
ষটক – EF EF GG

সবাই শিখায়

যতই বলি, যতই বুঝাই, ঠারে ঠোরে, সোজাসুজি
কেউ শুনে না, কেউ বুঝে না, আমি কত গররাজি।
যতই বলি নিয়ম তোদের শিখতে আমি চাই না।
ওরাও তেমন, শতেক নিয়ম, না শিখিয়ে যায় না।

বলি শুন আমি, চলে ফিরে শিখে, এসেছি এতদূর।
এটা করো না, ওটা করো না, তবু শুনি এক সুর।
ক্ষান্তি দিয়ে, দেখ না কেমন, আছি আমি বেশ।
শুনে না কেউ, দিতেই থাকে যত সব নির্দেশ।

জানার জন্য, মানার জন্য, শত নিয়মের বায়না।
আমার নিয়ম আমি বানাই, বুঝতে কেহ চায় না।
আমি বলি সব, নব নিয়মের, পরোয়া করি থোড়া।
তোদের নিয়ম, যেমন খুশী, মান গে যা সব তোরা।

এ খেও না, ও চেয়ো না, কত ত রকম নিষেধ।
বেঁচে থাকা যেন ওদের জন্য বিরাট অশ্বমেধ।
যত বিজ্ঞের, অবাঞ্ছিত, মাগনা হিতোপদেশ।
আমার তর্ক, আমার জন্য, আমার কথাই শেষ।

সাইরেন

আলু পটল ঝিঙে বেগুন
চাল ডাল মাছ ডিম তেল
নুন চিনি পান চুন সিগারেট
খানিকটা দরকারী ওষুধ বিষুধ
টর্চ আর ব্যাটারি
জপের মালা ধূপ কাঠি
ব্যাংকে রাখা টাকাপয়সা
একটা কাঁচি, কটা ছুরি
লাঠিসোঁটা জুতা
আর হ্যাঁ মোবাইলের চার্জার
জলের বোতল
কয়েকটা জামাকাপড়
মনে ইষ্ট নাম
আর ...চা.....চা
সাইরেন....দৌড়
সোজা বাংকার।
মরে যাওয়ার আগে পর্যন্ত
থাকে আশা, কাজে লাগতে পারে
যখন তখন
সাইরেন বাজা শুরু হলে একবার।

সাজা

আমার সাজা, হবে রাজা দুষ্মন্ত সাজা
জানতে তুমি ঠিক, জানতে শকুন্তলা।
তুমি অভিনেত্রী ছিলে, প্রথিতযশা
বেখবর ছিলাম আমি, তোমার ছলাকলা।

সাবধানতার মার

'সাবধানতার মার নাই' কথাটি যাহারা রটাইয়াছে
অতি অবশ্যই তাহারা প্রথমে
কুকুরের কামড় খাইয়াছে বাঁদরের বাঁদরামি দেখিয়াছে
তাদের দু পায়ের ফাঁক দিয়া বিড়াল হুটহাট দৌড় দিয়াছে
তাহারা আপাত নিরীহ প্রাণী বাঁদুর, চামচিকা, ব্যাঙ
ইঁদুর, আরশোলা প্রভৃতিরও আচমকা দর্শন করিয়াছে।

ভেজাল তেল মশলা, পাও ভাজি, দহি বড়া, মোমো
রাস্তায় দাঁড়াইয়া না খাইলে স্বাদ হয়না এমন ফুচকা
আলুর দম, পুরি-সব্জী, তেলে ভাজা ও দম বিরিয়ানি
ঝকঝকে মশলা মাখা ঝাল মুড়ি প্রভৃতিও
দেদার মজা করিয়া পেট ভরিয়া খাইয়া লইয়াছে।

প্রেমিকার সব সত্যি মনে হওয়া কথার ফুলঝুরি শুনিয়াছে
গিন্নির আজীবন খাটা দেখিয়াছে এবং খোঁটা শুনিয়াছে।
গোটা একটা কাঁঠাল কিংবা তরমুজ একলা খেয়েছে।

বন্ধুদের চক্করে পড়িয়া আ পথে কু পথে গমন করিয়াছে।
অপথ্য কুপথ্য খাইয়া পেটের ব্যথায় মরণ টের পাইয়াছে
তথা এ টু জেড, সব, সব, সব রকম আনন্দের
কাড়ি কাড়ি অভিজ্ঞতা জীবনে ভরপুর লুটিয়া লইয়াছে।

সবশেষে কোন বেরসিকের সংগে গোপনে মন্ত্রণা করিয়া
কে জানে হয়ত বা কিছু উৎকোচ গ্রহণ করিয়াই হইবে

“সাবধানতার মার নাই”-
এই আপ্ত বাক্যটি পাঁচ কান করিয়াছে।

কিন্তু খুব বেশী চালাক চতুর লোকজন-
এহেন বাজে কথায় কর্ণপাত করেন নাই।
ছোট বেলার রূপ কথায়-
তখন যা বুঝতামনা, এখন যা বুঝি
রাজপুত্র কোটাল পুত্রদের রাক্ষস খোক্কসের দেশে
পাতাল পুরীর গভীর তলদেশে কিংবা হিমশৈল চূড়ায়
পাঠাইবার ফেইল-প্রুফ ফর্মূলাই ছিল-
“উত্তরে যাওয়া নিষেধ” কথাটি ফলাও করিয়া প্রচার করিয়া দেওয়া।

গাছে গাছে বসিয়া থাকা ব্যাঙ্গমা ব্যাঙ্গমী-
কানে কানে বার্তা পৌঁছাইয়া দেওয়ার কাজটা-
অতি সুনিপুনভাবে সম্পন্ন করিত।
ফলে “সাবধানতার মার নাই” কথাটি বলিয়া আসলে যে
অসাবধান হওয়ার ফায়দার কথাই বলা হইয়াছে
বাচ্চা হইতে বুড়ো সবাই শুনিবা মাত্র বুঝিয়া গিয়াছে-
ফলে ফলাফলও আশাপ্রদ হইয়াছে
সর্বত্র অসাবধান হওয়ার তুমুল হুড়াহুড়ি পড়িয়াছে।

রাস্তায় গাড়িচাপা ও গাড়ি, ফুটপাতের দোকানও কাড়ি কাড়ি, বাড়িয়াছে।
মানুষ প্রাণপণে পেটে, বেশী বেশী মোমো ফুচকা এগরোল ঠেঁসিয়াছে

ঘন ঘন ডাক্তারের বাড়িতে ভিজিট ও ভীড় দুই ই
বাড়িয়াছে।

মুহুর্তের অসাবধনতায় বাজারে ইলিশের নধর কান্তি রূপে মুগ্ধ
হইয়া
একটি ইলিশ কিনিতে গিয়া গাঁটের শেষ কড়িটিও খসাইয়াছে।
সারাজীবন পণ দেব না পণ নেব না বলিয়াও
সুপাত্র হাতছাড়া হওয়া পণ-যোগে রুখিয়া দিয়াছে।

কু পুত্রকে সু পুত্র বলিয়া যথা রীতি আস্কারা দেওয়া হইয়াছে
এবং উচ্ছন্নে যাইবার সব রাস্তা দেখানো হইয়াছে।
মুখে অন্য কিছু বলিয়াও যথা রীতি সংসারে
কন্যাদিগকে দায় বলিয়া মান্য করা হইয়াছে
উহাদের মনে অশেষ ক্লেশ উৎপাদন করা হইয়াছে এবং
তুই আমার কত আপন বলিয়া রোদন করা হইয়াছে।
কিন্তু সাবধান থাকিয়া কোন পাপ পুণ্য রোধ করা গিয়াছে
কস্মিনকালেও কোন পত্রপত্রিকায় এমনটি চোখে পড়ে নাই।

প্রত্যেকটি নিষিদ্ধ স্থান, কাল, পাত্র, পাত্রীর
আচার, ব্যবহার, ইচ্ছা, অনিচ্ছা, চিন্তা, দুশ্চিন্তা
ধার দেওয়া, ধার নেওয়া, ঝগড়াঝাঁটি করা না করা
উঠা বসা থেকে শুয়া বসা
খাওয়া না খাওয়া থেকে পড়া না পড়া
করা না করা থেকে দেখা না দেখা
বুঝা না বুঝা থেকে জানা না জানা
ধরা থেকে অধরা, দৃশ্য থেকে অদৃশ্য
সংক্ষেপে জন্ম থেকে শ্রাদ্ধ শান্তি পর্যন্ত সমস্ত কর্মেই

অসাবধান হওয়া ছড়াইয়া পড়িয়াছে এবং জনপ্রিয় হইয়াছে।

বিপরীতে সাবধানতার কপালেও অনেক মার পড়িয়াছে।
চোর হামেশা সিন্দুক ভাঙ্গিয়াছে, ডাকাত ব্যাংক লুটিয়াছে
কবিগুরু রবীন্দ্রনাথের নোবেল চুরি হইয়াছে।
মায় মোনালিসা নিজে ল্যুভর থেকে একবার চুরি হইয়া গিয়াছে।

তাই বলি সাবধানতার বড়াই করিলেই নিছক আহাম্মুকি করা হয়।
শিক্ষিত চাকরি পায় নাই, নিরক্ষর ধনী হইয়াছে
জ্ঞানীর লাঞ্ছন জুটিয়াছে, আকাট মূর্খ ইজ্জত পাইয়াছে
রাজনীতিতে মন্দ লোকের ভীড় বাড়িয়াছে
পাড়ায় পাড়ায় মাস্তানদের দাপট বাড়িয়াছে।

ধনীর ধন খোয়া গিয়াছে, সম্মানীর মানহানি হইয়াছে।
মাইকেল জ্যাকশন থেকে মাইক টাইসন সবাই বিপদে পড়িয়াছে।
করোনার মহামারী কম লোকের উন্নত দেশগুলিতে
বেশী বেশী লোক মারিয়া দেমাগের তুচ্ছতাচ্ছিল্য করিয়াছে।

সাবধান থাকিবার মিশাল কায়েম করিয়া
বিল গ্যাটস আর মিলিন্দা গেটস্
ব্রেড পীট আর এঞ্জেলীনা জুলি
আমীর খান ও কিরণ রাও আলাদা হইয়াছে।

রাবণ সীতাকে হরণ করিয়াছে, মা মনসা লখিন্দরের প্রাণ কাড়িয়াছে।
বৈশাখী সুশোভন ফেমিলী সিক্যুরিটির মুখে অশোভন ঝামা ঘষিয়াছে।
টাইটানিক ডুবিয়াছে, টুইন টাওয়ার বিধ্বস্ত হইয়াছে।
সাত অক্টোবর ইজরাইলও নাকানি চুবানি খাইয়াছে।
সিকিউরিটির সত্যানাশ করিয়া
ডোনাল্ড ট্রাম্পের কান ফুঁটো হইয়াছে।

পেজার পকেটে ফাটিয়াছে, ইরান বারবার ধোঁকা খাইয়াছে
কড়া পাহারায় থাকা সেই ইরানই আবার ফাঁকি দিয়া
পারমানবিক শক্তিধর রাষ্ট্র হওয়ার দম্ভ দেখাইয়াছে।
মিশাইল আইরন ডোমের মুণ্ডপাত করিয়াছে
থাডের বিক্রি বাটা আচানক অনেক বৃদ্ধি পাইয়াছে।

করোনার টীকা না লইয়াও সদর্পে জান বাঁচাইয়া উত্তর কোরিয়া
টাকা লইয়া, বুক ঠুকিয়া দক্ষিণ কোরিয়ার সংগে সমস্ত রাস্তা ভাঙ্গিয়া
সৈন্য সমেত রাশিয়ার সাথে রিশতা জুড়িয়া ইউক্রেনে যুদ্ধে চলিয়াছে।

আরব রাষ্ট্রসমূহ দ্বিধান্বিত হইয়া নিদ্রা হারাইয়াছে।
কে কোথায় কবে কাহাকে সাহায্য করিয়াছিল
তাহার সমস্ত ইতিহাসই মুহূর্তে তামাদি হইয়া গিয়াছে।
এই সবকিছু এই সারকথা নিশ্চিতভাবেই প্রমাণ করিয়াছে
সাবধানতার মার চিরকালই ছিল, আছে এবং থাকিবে।

তাই প্রেম হউক কি পরকীয়া, আক্রমন কি আত্মরক্ষা
প্রথম কিংবা শেষ, বিষয় যা খুশী এক
আমি "সাবধানতার মার নাই" কথাটির ধার না ধারিয়া
নিজ-পর নির্বিশেষে সবার ক্ষেত্রে
নিজের মুখটি বন্ধ রাখাই উপযুক্ত সামাজিক কর্তব্য
মানিয়াছি।
প্রত্যেকে নিজের সামর্থ্যের উপযুক্ত পথ বাছিয়া লইবে-
এই বিশ্বাস রাখিয়াছি।

চোখ কান খোলা রাখিবার কথাও তাহারা বলিয়াছিল
তাই আমি চোখ এবং কান প্রয়োজন মত বন্ধ রাখিয়াছি।
তবু তাহাতে আমার বিশেষ কিছু অমঙ্গল হইয়া যায় নাই।

সায়াহ্নের গার্হস্থ্ সংলাপ

ঘুম ভাঙ্গতে চা বিস্কুট
একটু পরে নাশতা
এরপরে তো দেদার সময়
কর কি তুমি কাজটা?

এমন করে কথার ঢেলা
মারল ছোঁড়ে রাই
চায়ের কাপে লাগল জোরে
উপছে পড়ে তাই।

হতচ্ছাড়া প্রশ্ন যত
যার উত্তর নাই
রোজ শুনলে কার না বল
পিত্তি জ্বলে যায়?

কতরকম কাজ করে যে
দিনটা করি পার
চাও যদি তার হিসাব দেব
রোজ বেলা তিন -চার।

বিকাল বেলা হাঁটতে বের হই
সংগে তুমিও থাকো।
মাথায় থাকে কাজের পাহাড়
খবর তুমি রাখো?

দুপুর-রাতে খাওয়া দাওয়া
একলা কোথায় করি?
তুমিই রাঁধো রকমারি
আমিই ত পেট ভরি।

চান-বাথরুম ইত্যাদি তে
সময় করি পার।
কাজের অভাব দেখছ কোথায়
জিজ্ঞাস বার বার?

পত্রিকা আর বই পড়ে ও
অনেক সময় কাটে
থাকো কোথায়, চোখের সামনে
সবকিছু ত ঘটে?

তুমি যখন টেলিভিশন
দেখ বারংবার
আমিও তখন ব্যস্ত থাকি
খুলে কম্পিউটার।

মোবাইল ফোনে কথা বলা
কাজের কিছু হলে
সে কাজে রাই আমায় ফেলে
তুমিই প্রথম হ'লে।

সিনেমা টা মুঠো ফোনে
দেখা কাজের কাজ-

না হলেও বেশ নিরাপদ
যা দিনকাল আজ।

তাই ত দেখি যখন তখন
ঠিক যতক্ষণ পারি
তাতেও যদি অমন ভাব
কি বা আমি করি?

আর যত সব সোশ্যাল-টোশ্যাল
থেকে অনেক দূর
পদ্য লিখার কাজেও আমি
পুরানো মজদুর।

এর পরেও যদি কিছু
কাজের বাকী থাকে
চক্ষু বুজে মাথা আমার
তার ও হিসাব রাখে।

বয়স হলে হিসাব-টিসাব
অমন সবাই করে
নো চিন্তা ডু ফুর্তি সোনা
রাগ থাকবে দূরে।

সুখের ফাতনা

একদিন হঠাৎ এক চোরাবালিতে
পা আমার পড়ল কি পড়ল না
স্বর্গ সুখ ধেয়ে এল আমার দিকে।
আগে কখনো স্বর্গে যাইনি কিনা
তাই মনে হল এটি স্বর্গসুখই হবে।
আদৌ আগে কোনদিন সুখের দেখা
পেয়েছিলাম কিনা কে জানে!

এবার চেনা হল সুখ কারে কয়।
এবারই প্রথম আরো আরো সুখ পেয়ে
আরো আরো নানাবিধ সুখ চিনলাম।
আমি সুখের গলা জড়িয়ে কেঁদেও সুখ পেলাম।
সুখও যেন আমায় আষ্টেপৃষ্ঠে জড়িয়ে ধরে
কেঁদেকেটে সুখ পেল।

সুখ আর আমি, আমরা সংসার সংসার খেললাম।
একবার বন্ধু হলাম তো আরেকবার শত্রু হলাম।
আমি প্রেমিক সেজে সুখের অসুখ ভাগালাম।
সুখ প্রেমিকা সেজে আমার চৈতন্য ভাগাল।
আমি সুখকে চিনলাম। সুখ আমাকে চিনে নিল।
একটু খেলা হল। একটু গড়াপেটা হল।

সেই অর্থে দেহ তো আমাদের কোন কালেই ছিল না
যা কিছু ঐ চাওয়া পাওয়া, মাখামখিটাই ছিল।

সুখ কতবার আমায় ছেড়ে যাই যাই করেও
জানিনা কেন, যেতে পারল না।
আমিও সুখকে বুঝিয়ে সুঝিয়ে রেখে দিতে চাইলাম
একবারও ছাড়তে চাইলাম না। বুঝালাম
আমার বুকে থাকাটাই তার জন্য সেফ ও সুন্দর-
তবু জানিনা কেন, শেষ রক্ষা হল না।

পরে একদিন আচমকাই যখন
দুঃখের বন্যা এল। পানি গলা পর্যন্ত হল।
ঠিক যেমন কথা নেই, বার্তা নেই
উজানের পানি ভাটায় নামে
তেমনি এল। তেমনি এল।
এদিক ওদিক গেল গেল রব উঠল।
তখন আর কে কার খবর পায়
কে আর কারে সামলায়।
বোধ হয়, সে সময়ই, সময় বুঝে সুখ
অন্য কারো হাত ধরে অন্য কোন পাড়ে গিয়ে উঠল।

বহু যত্নআত্মির পরে আমার যখন চৈতন্য ফিরল
জনে জনে আমার কাছে সুখের ঠিকানা খুঁজল
যেন খুঁজে পেলেই সুখের ফাঁসি হবে।
ওরা কেউ জীবনে সুখ দেখেনি, সুখ চিনে নি
কিন্তু আমি কি করে বলি, কেনই বা বলি।

কিছুদিন চুপচাপ থেকে আমি কলম ধরলাম
মনে মনে আমি বড়শী পাতলাম।

ফাতনায় সুখ একবার ঠোকর দিলেই হয়
আমি তারে টেনে পাড়ে তুলব।
সুখের কালিয়া খাব। সুখের মুড়িঘণ্ট খাব।

সুদিন

আজ সু দিনে ধর্ম ও বিজ্ঞান
মারণ ক্ষমতার চূড়ান্ত অভিজ্ঞান।

পরাজিত ও মৃত সব সৈনিক
পূব-পশ্চিমা রুশ কিবা চৈনিক।

যন্ত্রদানব উল্লাসে যায় উড়ে
তীব্র বেগে আকাশ বাতাস ফুঁড়ে।

মানুষেরই হাতে মানুষের হয় ক্ষয়
এমন সু দিনই এসেছে ভুবন ময়।

ভূমণ্ডলের ইতিহাসে হয় লেখা
আণব যুগে লুক্কায়িত মানব পদ রেখা।

সূর্য ও এক চাঁদ

ঘুরাঘুরিটাই জীবন, শেষ, মৃত্যু।
শব্দ কম, নিঃশব্দতা প্রথম পছন্দ।

ধর আমি চাঁদ তুমি সূর্য ছিলে।
আমার পৃথিবী ঘিরে আমার আবর্তন
কে সূর্য? পর। তোমার শেষ কথা
কত সহজেই তুমি পর করে দিলে
এই আপেক্ষিক অবস্থান সিদ্ধ করে।

সূর্যকে ঘিরে ঘিরে কে চাঁদ?
আরো আরো গ্রহদের ভিড়ে
নায্য স্বাভিমানে দূরে সরে থাকে।
পৃথিবী ঘুরপাক খায়, চাঁদ ঘুরে
অমাবস্যা রাত, চাঁদের মুখ ভার।

আরো পরে, সূর্যের ও চোখে পড়ে
আয়, ডাকে সহানুভূতির স্বরে।
অভিমানী চাঁদ, যায়, ফিরে আসে
আচানক সূর্য রে সাময়িক গ্রাসে।
অবুঝ শিশুর অত্যাচার!

ঘুরাঘুরি চলে, কক্ষ পথ আপন
দিন মাস বছর, নিঃশব্দ যাপন।

সেই সময়

আমাদের সময় সব কিছুই অন্যরকম ছিল।
সর্বাধিক হাত-খরচা বলতে
সিনেমার দুটি টিকিট, দুটি করে চপ-সিঙ্গাড়া, ধুঁয়া।
কুল মিলিয়ে দশ টাকায় হয়ে যেত সব।
টাকার দাম, মূল্য-বৃদ্ধির কচকচানি থাক
হয়ত তখন দশ টাকায় বিশ টা ডিম পাওয়া যেত।
বক্স-বেলকনির দুটি টিকিট পাঁচ টাকা
দুটি চপ, দুটি সিঙ্গাড়া চার টাকা
এক টাকার ধুঁয়া।

প্রেম করলে পুতির মালা, কানের দোল
আলতা, নেল-পালিশ, ফেমিলা স্নোর বাজেট
এই জন্য বাজার খরচে সামান্য গোঁজামিল দেয়া
খুব চলত।
প্রেম কেটে গেলে এদিক ওদিক গিয়ে
সর্বাধিক বিশ-পঁচিশ টাকা খরচ করে
দুঃখ উপুড় করে মদ গিলে
বাড়ি ফিরে ঝাল খেয়ে
সব নেশা কেটে যেত।

কে কেন ঝাল দিত তা অনাবশ্যক বর্ণনা।
বাপ-কাকা, চাচা-দাদা, ঘরতুতু, পাড়াতুতু
গার্জেনের কোন অভাব কোনদিনই ছিল না।
কান মলা, উঠবোস, ভাত-বন্ধ, কথা-বন্ধ

যৎসামান্য কান্নাকাটি, বাস।
সব সমস্যার দ্রুত সমাধান হয়ে যেত।

অপমান-বোধ ছিল বাটার জুতার মতই টেঁকসই।
কয়েক মাস থেকে কয়েক বছর পর্যন্ত চলত।
কেউ কেউ আবার প্রতিজ্ঞা-টতিজ্ঞা করে-
মন দিয়ে পড়াশুনা কি ব্যবসায় লেগে যেত।

তখন প্রায় সময়মত বিয়ে হত, বাচ্চা হত
ঝগড়া বিবাদ, প্যানপ্যান ঘ্যানঘ্যান
একটু আধটু সবই হত তবে
কথায় কথায় ছাড়াছাড়ি হওয়ার জু টি ছিলনা।

সেবা যত্ন

বাবুমশাই, আমরা জেনেছি আপনার ভীষণ মন খারাপ হয়েছে।
আপনার শরীর পুরোপুরি ঠিক নেই। আজ আপনি ছুটি নিন। না হয় অন্তত ওয়ার্ক ফ্রম হোম করুন। এই সিদ্ধান্তটি জরুরী।

আপনার একটি 'মনের সেবা যত্ন পাওয়া' ডিউ হয়েছে।
কাজের ফাঁকে ফাঁকে আপনি আমাদের সেবা গ্রহণ করুন।
আপনি আপনার প্রয়োজন আন্দাজ করে বোতাম টিপুন।

ওগো শুনছ, 'পত্নী সেবা 'র বোতাম টিপে খুব ভাল করেছ।
প্রেমিকার চেয়ে সেবা যত্ন আমরা কিছু বেশী বৈ কম করি না।
আমার চেয়ে আদর্শ অনুগত পত্নী আর একটিও হয় না।

প্রিয়তম, সকাল সকাল তুমি আমি বসে আছি দুজনায়।
গুঞ্জনে গুঞ্জনে কথা হবে নির্জনে, আহ, কি দারুণ, হায়
খোল দেখি চোখ দুটি, ঈস্ কি মায়া ভরা, ব্যথায় ব্যথায়।

কিরে খোকা, আবার বুঝি মন খারাপ করল? আমায় মনে পড়ল?
মরে গিয়েও দেখছি শান্তি নাই। আয় আয় কাছে আয়।
তোর কি আবার ব্রেকআপ হল? তুই বিয়ে থা করলেই ঠিক হতো।

বাবুমশাই, আপনার মন এখন একটু বেশীই উথাল পাথাল হয়ে আছে।
মিস দরদী-দর্দ-নাশিনী ডি.ডি.এন রোবো প্রয়োজনীয় উপশম কীট সহ
ঠিক পাঁচ মিনিট দশ সেকেন্ডে আপনার কাছে পৌঁছে যাবে। ধন্যবাদ।

স্বচ্ছ বিকি-কিনি

ভাবনাটি খুব সহজ সোজা
বিকি হবে দেশ।
চাই আমার ঐ ভূমির দখল
আমার কথাই শেষ।

ভাবনাটি খুব সোজা সরল
ঐ জলপথও চাই।
না পেলে যে চলছে না আর
আমার ভীষণ দায়।

এই ভাবনাটি আরো সোজা
তুমি আমি এক।
দূরে কেন ব্রো সাথেই জোড়
থাকব নিরুদ্বেগ।

তুমি বাপু অস্ত্র নিলে
দাম দিবে না তার?
খনিজ দিয়ে ঋণ চুকালে
হয়না চমৎকার?

সব পুরাতন ধাঁচা যদি
আগের মতই থাকবে
ইতিহাসই কেন আমায়
ফালতু মনে রাখবে?

ভেবেই যখন বলছি হবে
তোমার জন্য ঠিক
মিছে মিছে ভয় পেয়ে যাও
মিছেই ভাব ট্রিক।

যুগদ্রষ্টা মানুষ আমি
দেখছি অনেক দূর
সবার জন্যই সেরা জিনিষ
সবার জন্যই নূর।

সবার জীবন ভরবে আলোয়
অন্ধকারই বাজে।
তাইতো বলি ভাবনা আমার
লাগাও সবাই কাজে।

তোমরা সবাই বন্ধু আমার
হাত বাড়ালেই পাই।
সামান্য কাজ, খেয়াল রেখো
আমার কি কি চাই।

একসাথে সব লাগলে কাজে
রাত হবে সব দিন
ঝলমলিয়ে উঠবে জীবন
মরার শঙ্কা ক্ষীণ।

বলছি আমি স্বর্গ নরক

ঐ তো দেখা যায়
স্বর্গ পেলে সবার জন্য
নরক কেন চাই?

রাখছি আমি লুকিয়ে কোথায়
সিক্রেট কোন প্ল্যান?
বিকি-কিনি স্বচ্ছ হবে
প্রমিস জেন্টলম্যান।

স্বাধীনতা

উহাদের বিশ্বাস মরিয়াছে—
তোমাদের স্বাধীনতার গায়ে আঁচড় পড়িয়াছে।
উহারা শর্তের ভিতরে অর্থ খুঁজিয়া বেড়াইয়াছে—
অর্থ নিখোঁজ থাকিয়াছে।

তোমরা উহাদের জন্মে দাগ দেখিয়াছ।
উহারা তোমাদের জীবন যাপনে ব্যভিচার দেখিয়াছে
দ্বি চারণ দেখিয়াছে, পক্ষপাতিত্ব দেখিয়াছে—
দেখিয়া দেখিয়া উহাদের মনে অশ্রদ্ধা জন্মিয়াছে।

তোমরা উহাদের কোণঠাসা করিয়াছ।
উহারা তোমাদের সকল ব্যর্থতার গলা চাপিয়া ধরিয়াছে।
উহারা তোমাদের চিনিয়া চিনিয়া অকালপক্ক হইয়াছে।
তোমরা অকালবৃদ্ধ হইয়া উহাদের সামনে ঠেলিয়া দিয়াছ।

তোমরা উহাদের কাছ হইতে প্রেম কাড়িয়াছ।
উহারা তোমাদেরকে উপহাস ফিরাইয়া দিয়াছে।
তোমরা জানিয়া বুঝিয়া ঠিক কাজটি কর নাই।
উহারা বুঝিয়া শুনিয়া বেঠিক কাজ খুঁজিয়া বেড়াইয়াছে।

তোমরা শুধু ইতিহাস ভূগোলে পড়িয়াছ—
উহারা গুগলে গুগলে মুলুক ঘুরিয়া আসিয়াছে।
তোমরা চোখ বুঝিয়া নিশ্চিন্ত থাকিয়াছ।
উহারা চোখ খুলিয়া অনিশ্চিত পথ বাছিয়াছে।

তোমরা বিশ্বাসে মুক্তি খুঁজিয়া লইয়াছ।
উহারা মুক্তি আর যুক্তি মিশাইয়া বিশ্বাস খুঁজিতেছে।
তোমরা তোমাদের স্বাধীনতা হারাইয়াছ।
উহারা উহাদের নতুন স্বাধীনতার অর্থ বুঝিয়া লইতেছে।

স্থল পদ্ম

কত দিন–
মাস–
বছর বাদে
আবার এলাম ছাদে।

ঐ তো এক কোণে–
দাঁড়িয়ে আছে
ফুলের ঝাঁকি কাঁধে।

মনে হলো যেন–
অভিমানী, দামাল ছেলে–
তৈরি হয়ে আছে।
অনেক কিছু বলবে বলে।
কিই বা কথা
বলতে আমায় পারে?

সে কি আমায়
জড়িয়ে ধরতে চায়?
আমি কি তার
ফিরে আসা
পালিয়ে যাওয়া কেউ?

আর ঐ স্থলপদ্ম সে?
আমার–

কোন সে আপন জনা?
আমিও কি তার-
নেশায় পাগল পারা?
তার সবুজ হাতে হাত
তার গোলাপী ঠোঁটে ঠোঁট
রেখেই কেন-
আমার চোখে জল?

এ কেমন সুখ? আবেশ!
এটাই বা কোন্ দেশ?
তার পরশে পরশে কেন
এমন স্নেহানুভুতীর রেশ?
আমি কে? কোনো নারী?
কে সে? পুরুষ?
কার এই স্থলপদ্ম বেশ?

আদরে সোহাগে
জড়িয়ে ধরল কে
আমায়?
মুঠো মুঠো চুম্বনে
ভরিয়ে দিলো প্রাণ-
সে আমার!
সে কি বললো কিছু-
নীরবে কানে কানে?
কথায় কিংবা গানে?

হা মল্লিকা

লক্ষ কথার কম হবে না
তুমি আমি বললাম।
কাজ হল না মল্লিকা তাই
না জানিয়েই চললাম।

থাকত যদি পাতা গাছে
ফুটত যদি ফুল
আশা তবু থাকত কিছু
হতাম না ব্যাকুল।

কিন্তু ঝরা পাতায় গাঁথা
ঐ মালিকা কয়
দূর হয়ে যা পাগল ছেলে
মল্লিকা তোর নয়।

কার তরে আর বসে থাকা
গোলাপ নিয়ে হাতে
পর জনমে হবে দেখা
মল্লিকা তোর সাথে।

হাইকো- দুঃ সংবাদ

ভরা কোটাল।
অমাবস্যায় ফুঁসছে
আবেগের জল।

হৃদয়ের মানচিত্র

আচমকাই
দুনিয়ার মানচিত্রে পাণামা খাল
আর গ্রীণল্যান্ডের অবস্থান
পুঙ্খানুপুঙ্খভাবে জেনে শেষে বুঝলাম
কত ধানে কত চাল।

আজ দুপুরেও গাজার চিলতে থেকে
মেপে দেখেছি মিশর ও জর্ডান এর দূরত্ব ও অবস্থান।
এমনকি একদিন খামোকা
ইন্দোনেশিয়ার পর্যন্ত তার দূরত্ব-অবস্থান-মিল-অমিল সব
ভেবে দেখতে হয়েছিল, এমনি চলছে দিনকাল।

মাপতে হয়েছে কলম্বিয়ার ক্ষণস্থায়ী হুমকি
ও তড়িৎ আত্মসমর্পণ
কানাডার শঠে-শাঠ্যং
মেক্সিকোর আপাত সহযোগিতা।
টেক্স আর শুল্ক যে আলাদা বিষয়
আরেকবার ঝালিয়ে নেয়া গেল তা ও।

চীন কে ত চিনি
ব্রিক্সের জি, কে ও জেনে রাখলাম
তবে শেষ দিকে
এল সালভাদরের ঐ বন্দী নিতে পারি প্রস্তাব
একদম সর্বাধুনিক ব্যবসায়িক ধ্যান-ধারণা বলেই মনে হল।

শেষমেশ বুঝি গোয়েন্তানামো বে পর্যন্ত
জল গড়িয়ে যায়।

সব মানচিত্র ঠিকঠাক দেখে রেখেছি কি রাখিনি
সদ্য স্বদেশে ফেরানো পুত্রকে ফিরে পেয়ে
অমৃতসরে অপেক্ষমান পিতার আনন্দ-উচ্ছ্বাস
একদম রাম ধাক্কা দিল আমার একপেশে চিন্তা ভাবনায়।

গ্রেট-আমেরিকান থিয়েটার দেখতে দেখতে
একজন ভারতীয় পিতার হৃদয়ের মানচিত্র
ঘেঁটে দেখার কথা আমার মনেই আসেনি।
গ্রেট আমেরিকান সম্রাট
আমি ঐ উৎফুল্ল পিতার হয়ে আপনাকে জানাই সহস্র
অভিনন্দন।
নাদান ছেলে-মেয়েরা ঘরে ফিরছে বলে
আমাদের ঘরে ঘরে আজ নিশ্চিতই উৎসব।

যবনিকা

এখন সময় বিদায় নেয়ার, আর যদি ফিরে আসি
নতুন আমি ফিরব আবার, বলব ভালবাসি।

www.ingramcontent.com/pod-product-compliance
Lightning Source LLC
LaVergne TN
LVHW041920070526
838199LV00051BA/2675